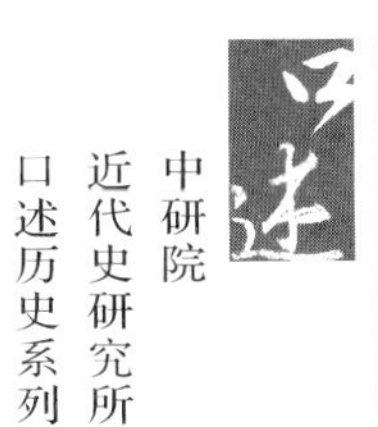

中研院近代史研究所口述历史系列

王铁汉先生访问纪录

访问：沈云龙

纪录：林　泉

九州出版社 JIUZHOUPRESS | 全国百佳图书出版单位

图书在版编目（CIP）数据

王铁汉先生访问纪录 / 沈云龙访问；林泉纪录. --北京：九州出版社，2012.3
（中研院近代史研究所口述历史系列）
ISBN 978-7-5108-1353-5

Ⅰ. ①王… Ⅱ. ①沈… ②林… Ⅲ. ①王铁汉（1905～1995）—生平事迹 Ⅳ. ①K825.2

中国版本图书馆CIP数据核字(2011)第277307号

王铁汉先生访问纪录

作　　者	沈云龙 访问　林　泉 纪录
出版发行	九州出版社
出 版 人	徐尚定
地　　址	北京市西城区阜外大街甲 35 号（100037）
发行电话	(010)68992190/2/3/5/6
网　　址	www.jiuzhoupress.com
电子信箱	jiuzhou@jiuzhoupress.com
印　　刷	三河市东方印刷有限公司
开　　本	680 毫米 ×970 毫米　16 开
印　　张	11.25
字　　数	92 千字
版　　次	2012 年 3 月第 1 版
印　　次	2012 年 3 月第 1 次印刷
书　　号	ISBN 978-7-5108-1353-5
定　　价	30.00 元

出版说明

台湾中研院近代史所，从建所至今，几十年来共采写和出版了二百余种“口述历史”。近代史所的学者制定了严格的口述史操作规范,并进行采访和撰写,使类似史料层面的“回忆录”和“纪实”，上升为可供专业人员研究的“口述历史”。他们的访问对象涉及当代军事、政治、经济、文化等各方面的重要人士，请其自述生平，为现代史研究留下了一系列珍贵的口述记录。

九州出版社“中研院近代史研究所口述历史系列”，是上述二百余种“口述历史”的精选集，也是海峡两岸出版交流中心的重点引进出版项目。本系列以简体字出版，对原书注文体例和文字错误进行了必要的订正。原版本的丛书弁言和前言，介绍了该丛书的缘起、价值和意义等情况，简体版将其主要内容附于书前。

该书访谈对象的某些政治立场、观点和看法，我们并不认同，但为了保留史料，便于参考研究，在编辑过程中，我们对文中对我党我军的诬蔑性语句和称谓进行了中性处理，内容仍保留原貌；个别之处，有所节略；对于文中一九四九年十月一日以后使用的“民国”纪年，改为公元纪年；对于文中一九四九年十月一日以后的台湾当局及相关机构、职务等，加以引号。本系列图书供近现代史专业读者参考使用，望读者在阅读时注意辨析书中的一些内容。

九州出版社

2011 年 6 月

弁　言

口述历史的访问计划，系近代史研究所首任所长郭廷以教授所拟订，其目的在广泛搜集当代人物的有关史料，为民国史留一忠实而深入的纪录，以备将来之研究。此项计划自一九五九年十二月开始进行，迄一九七二年九月止，前后历时十二年余，成为本所的重要工作之一。访问的对象，以对民国军政、外交、党务、文教、经济、社会各方面有重要之贡献与影响者为主。在这一段时间内，当代名流硕彦接受本所访问者，共有七十余人；已撰成之纪录稿，约数百万言。

当初本所与被访问的诸位先生，曾有信函约定，所有访问笔录之稿，经整理后，送请当事人核阅。将来能否全部或部分发表，或须保存若干年后，始能发表，皆绝对尊重当事人的意见。因而此项访问纪录，悉由本所特藏，慎加保管，迄尚未能公诸于世。

口述历史资料，其重要性不亚于文献档案。民国以还，时局的变迁，更是剧烈而快速；内乱外患，交迭相乘，史料的损失，不可胜计。对历史真相的了解，须要参证当代人口述的地方很多。这些笔录，对中国近代史的研究，是有着极大的裨益的。

现在历史已迈入八十年代，撰写完整而客观的信史，已属刻不容缓，本所庋藏之口述笔录，亦有早予公布之必要。本所爰尽量征求被访问之当事人或其家属之同意，将部分笔录稿，陆续整理出版，列为本所口述历史丛书，俾供学者的参考研究。当这套丛书刊布伊始，特志数语，略叙原委，并对先后参加本计划之工作同人，敬表谢忱。

近代史研究所　谨识

一九八二年二月二十日

前　言

王先生铁汉，民前七年（清光绪三十一年公历一九〇五年）诞生于辽宁省盘山县。北大预科肄业，东北陆军讲武堂第四期步科、北平中国大学、陆大特二期、国防研究院毕业。曾任陆军第一〇五师师长、第四十九军军长兼金兰警备司令、兼代第一绥靖区司令官、沈阳防守区司令官及辽宁省政府主席等职；现任“中央评议委员”、“总统府国策顾问”。

民国二十年，先生任陆军独立第七旅第六二〇团团长，适逢“九一八”事变发生，时先生驻防沈阳之北大营，首当其冲。当事变之初，虽一再奉令“不抵抗，等候交涉”，并将“弹械缴库”，但先生却以“敌人侵吾国土，攻吾兵营，斯可忍，则国格、人格全无法维持。而且现在官兵愤慨，都愿与北大营共存亡，敌人正在炮击本团营房，本团官兵势不能持枪待毙”。故为“自卫”计，决定“一面等候，一面抵抗”，事后国联李顿调查团来华调查，亦认为这是 “正当行动”。

二十二年五月，先生升充第六十七军少将参谋长，曾先后参加长城及冀东抗日诸战役，并担任“清剿”徐海东部。翌年七月，先生复考入陆军大学肄业，二十六年八月毕业后调充第十五集团军总司令部高级参谋，十一月调充陆军第一〇五师副师长并代理师长，二十七年九月真除（编者注：指实授官职，由暂时代理改为正式官职）中将师长。其时第一〇五师官兵心理既不健全，精神亦不稳定。先生接任之初，即以公正、廉明、镇定、勇敢之态度，从事人事之调整，并加强战斗技术及战斗纪律，在师长任内参加淞沪及香黄山战役、长沙及上高会战，均着有成绩，其后参加第四次整训，亦获名列第一。

三十年十月，先生升充第四十九军军长并兼金兰警备司令，辖第二十六、第七十九、第一〇五等三个师。先生任第四十九军军长达七年之久，先后归其整训之部队亦达十一个师之多，先生均能利用人格之影响，情分之交感，将历史装备不同，兼杂存封建意识之部队，以使有统一之思想！以发为统一之行动，绩效颇著，遂成为第三战区之主力部队，在抗战之主要战役中，均有优良之表现。

三十五年七月，先生奉令兼代第一绥靖区司令官。次年九月，奉调东北，舟辅卸，在敌情地形尚未十分明了之下，即以两师（共四个团）逐次参加锦西战役，与林彪部十万余浴血苦战，终以众寡悬殊，官兵伤亡损失过半，先生以久经战阵多年患难之袍译伤亡惨重，极为悲痛。三十七年一月，先生升充沈阳防守区司令官，亦感戍守东北之国军将领每多旁骛，精神与思想渐趋腐化与落伍，先生以仅有影响而无力转移，引以为憾。

三十七年二月，先生于大局危难之保，受命出长辽宁省政。

就任之初，即着手整饬政风，打破人情政治，擢用新人，推行新政，制订“以工代赈”条例，以解决难民生活；并颁行“由难民代办荒芜田地”办法，而为渐进的土地政策；复力主军民合作“剿共”计划，派民政厅张式纶赴河北省考察该省动员“剿共”办法，参照订立规章，甄选干部督导各县实施。惜以为期短暂，又受环境限制，未能有所发挥。

先生自一九七〇年四月二十一日至同年九月一日，接受本所访问共十四次。本所就访问笔录，依时间先后为序，整理完竣，约十二万言。就内容而言，约分三部分：第一部分纯为先生个人之自传，叙述有关先生之家世、学历、经历等，一至四章属之；第二部分为重要历史事件之叙述，五至十章均属之；第三部分附录答问三十则，系访问人员就先生所述各时期中，未及详述之问题，提请先生补充说明者，或为历史关键问题之解答，或对同时代人物之评述，见解精辟，弥足珍贵。兹为便于查阅起见，另编详细目录，列诸卷首。

林 泉

一九七〇年十二月

目　录

王铁汉先生

摄于民国二十年四月沈阳
（时任六二〇团团长）

摄于民国二十三年八月，南京
（时任六十七军参谋长）

摄于民国三十七年四月，沈阳（时任沈阳防守区司令官兼辽宁省省主席）

摄于民国三十年三月，金华（时任一〇五师师长）

民国三十七年四月十三日与夫人张玉然女士于沈阳合影

访问时间：一九七〇年四月二十一日至九月一日

访问地点：台北市仁爱路四段十二巷十八弄三号王公馆

访问次数：共十四次

访问人员：沈云龙　林忠胜　林　泉

纪录整理：林　泉

一、家世

余于民国纪元前七年二月二十四日（清光绪三十一年，乙巳）诞生在辽宁省盘山县之后才屯。父守清，母石氏，已于民国十年及十三年先后去世。弟铸汉，小余四岁，“沦陷”大陆，迄无消息。原籍山东省即墨县，自曾祖有贵公，始迁于盘山，遂为辽宁人。祖世务农，东北物产丰富，历经先世刻苦经营，家庭经济尚称余裕。余幼时颇敏慧，而个性较强，遇不平事，好抑强扶弱。祖父玉德公忠厚慈祥，乐善好施。父守清公持躬谨严，刚正不阿。祖与父以余敏慧，爱之甚，而督之严，故余之所为，丝毫不敢苟，及今思之，余之律己处世，得之于童年家庭教育者良多。二十二年经王鼎方军长之介绍，与妻张玉然女士于民国二十三年二月二十五日在北平结婚，余妻河北省密云县人，张家为密云首富，肄业于北平辅仁大学教育系，纯洁朴实，思虑周密，好损己益人，生而有乐善之德性，与人相处，从无闲言，爱令誉甚于其身，家事安排妥善，不知有内顾之忧，友朋称赞，余心感焉。生有二女，长女心仪于一九五九年与宗百安先生结婚，生迪群、迪平二子。次女令仪于一九六一年与施敏先生结婚，生子迪凡，女怡凡。均在美国有工作，家庭生活美满。

二、学历

北大预科——东北陆军讲武堂第四期——中国大学——陆大特二期

余自幼好读书，以天赋记忆力较强，九岁时，已读完四书，彼时祖父玉德公因余好学，爱护备至，唯恐有伤脑力，辄强令辍读，此种天赋之记忆力，对于尔后之做事、从军、主政，颇获倚赖。嗣由初小毕业，考入锦县县立第二高小及辽宁省立第四中学（旧制四年毕业，在沈阳城内），均系插班，虽学业躐等，然每试亦间列前茅。中学毕业，即考入北京大学预科，研读已两年，旋以关外寇踪横行，耳闻目见，无非刺激（家父亦于是时弃养），私衷报国，窃慕戎行，乃与同学石世安君，辍学从军，考入东北陆军讲武堂第四期习步科，又是插班。毕业后，服务军旅，转战南北，每感学识不足，思有以深造，遂于民国十四年二月经祁大鹏先生（中国大学教务长）介绍，继北大学分，转入北平中国大学，研究政治，至十六年十二月毕业，本校规格不严，又为半工半读，所以对这层学历很少提起。十七年三月考入陆军大学第八期，正值战争，未能及时入校，虽经保留学额半年，终以职务关系，不得参加该期研习。迨二十三年七月，复考入陆军大学特二期肄业，得亲总统蒋公（兼校长）陶镕，慎思明辨工夫颇有增进。适于二十六年“八一三”毕业，亦一纪念也。后又毕业于国防研究院。

在陆大求学期间，课余之暇，曾编《统帅与道德》及《战争论》两书，于二十五、二十六年分由南京军用图书社与武学书局出版，战乱中，原版早已散失矣。

三、经历

（一）任第六二〇团长时，适逢“九一八”事变

余初任东北陆军第二十五、第五、第二旅、第二十师、第一旅、排、连、营、团长，师、旅参谋长等职[注一]。

“九一八”事变，余适任陆军独立第七旅第六二〇团团长。这是我为国家出生入死中，最艰困之一段工作。

注一：

①民国十六年夏，余任第五旅上校参谋长。

②民国十六年冬，第五旅改编为陆军暂编第二十八师，余由第二十八师调任陆军暂编第二十师上校参谋长，师长陈再新，驻保定。

③民国十七年底，东北军整编，第二十师改编为东北陆军第二旅，余任副旅长。

④民国十九年秋，余调任东北陆军第一旅（旅长王以哲）第三十七团团长。

⑤民国二十年春，第一旅改编为陆军独立第七旅（中央番号），第三十七团改为第六二〇团，余仍任团长。

（二）参加长城及冀东抗日战役

二十二年五月，余升充陆军第六十七军少将参谋长（军长王以哲，即由张政枋的第一〇七师、何立中的第一一〇师及翁照垣的第一一七师组成），曾参加长城及冀东抗日战役，先后与第十七（军长徐廷瑶，共辖三师，即第二师黄杰、第二十五师关麟征、第八十三师刘戡。第六十七、第十七两军均归第八军团杨杰指挥）、第二十九（军长宋哲元）、第三十二军（军长商震）并肩作战。既无确实之准备，更无周到之部署，且各部力量悬殊，封建意识未除，当攻不攻，当守不守，全是打的糊涂仗。塘沽约成，本军移驻平津间之廊坊、落岱一带。二十三年三月，本军奉令归豫、鄂、皖三省“剿匪”总司令指挥，开驻河南省潢川、商城地区，担任“清剿”徐海东部。

（三）第一〇五师师长

二十三年七月，余考入陆军大学肄业，二十六年八月毕业后调充第十五集团军总司令部（司令部驻昆山，总司令为陈诚）

高参，十一月调充陆军第一〇五师副师长并代理师长，二十七年九月，真除中将师长。本师官兵心理既不健全，精神亦不稳定，战斗纪律、战斗技术，亦均有待加强与革新，经过人事调整，刻苦训练，始入正轨而着有战绩，公正与廉明，镇定和勇敢，为当时指挥官必须具备的条件。在师长任内参加淞沪战役、香黄山战役各记功一次，第一次长沙会战、上高会战各记大功一次，第四次整训（共五十一个师）成绩优良，记功一次。

（四）第四十九军军长任内之战绩

三十年十月，余升充陆军第四十九军中将军长，旋兼金兰（金华兰溪等八县）警备司令，余任军长达七年之久，辖第二十六、第七十九、第一〇五等三个师，然以部队整编调转，先后隶属本军凡十一个师，因历史装备不同，兼杂存封建意识与保存实力之劣根性，在战斗上不能歼灭敌人，战术上不能组织战斗，振衰起敝，唯有由学术上下功夫，以使有统一之思想，以发为统一之行动，几经整理训练，并利用人格之影响，情分之交感，无懈推行，绩效颇著，遂成为第三战区主力部队，在抗战及“剿共”之主要战役中，均有优良的表现（如第七十九师魏蓬林团在苏北“剿共”克复如皋战役，曾击溃陈毅所部，第一师师长粟裕率领该师九个团之轮番冲击与合力围攻，实为

"剿共"战役中所仅见之战例)。余亦于三十一年浙赣战役及三十三年龙衢战役，蒙受三等云麾勋章及传令嘉奖。三十五年苏北"剿共"战役，蒙受四等宝鼎勋章、陆海空军军一等奖章、干城甲种一等奖章。又以服务成绩优良，蒙受光华甲种一等奖章、忠勤勋章、胜利勋章以及三等景星勋章等。余不才，以官兵奋勇杀敌，个人屡蒙奖赏，深感愧赧。

（五）调驻东北，担任"剿共"

三十五年七月，余奉令兼代第一绥靖司令官（前任汤恩伯，后任李默庵），指挥第四十九、第六十五两个军在苏北"剿共"，为期至短（仅两阅月），无所贡献。唯颇觉各军以抗战胜利自居，傲视一切，平时不讲求学术，战时不注意协同，殊为隐忧。

三十六年九月，本军调往东北，舟车甫卸，在敌情地形不十分明了之下，即以两师（四个团）逐次参加锦西战役，与林彪部第八、第九、第十一纵队及冀、热、辽边区纵队，约共十万余，浴血苦战三昼夜，官兵伤亡损失过半。余虽未受惩处，然以久经战阵多年患难之袍泽，伤亡惨重，极为悲痛，及今思之，尤有余恨。

七年以来对部队之整理、训练、作战，其间与环境之奋斗，遭遇之困难，有非墨楮所可言者，但以公忠所致，初衷亦觉稍慰。

三十七年一月，余升充沈阳防守区司令官，指挥第六、第四十九两军，暂编第五十五、第五十七两师及沈阳市政府，甚感戍守东北之国军将领，每多旁骛，如开报馆、办学校，精神与思想亦渐趋腐化和落伍。余人微才轻，仅有影响，而无力转移，时以为憾。旋于二月奉命为辽宁省政府主席，嗣以省政繁巨，即于四月底辞去司令官职务。

（六）辽宁省政府主席任内

民国三十七年二月，中央发表余为辽宁省政府主席。其时省府所辖区域，尚有二十一县市未曾“沦陷”，大部分仍在我军掌握中。兼之，中央对辽宁省政府之组织甚为重视，陈辞修先生亦颇思有所作为，故各厅长处长之人选，乃系就东北十省（热河在内）三市之干部中选任，人选颇为整齐，素质亦高。陈辞公回南京后，即派罗卓英（原任东北行营副主任）协助余组织辽宁省政府，经过慎重选择，发表各厅处长名单如下：

秘书长　刘慕曾（湖南大学毕业）

民政厅长　张式纶（东北大学毕业）

财政厅长　王洽民（东北大学毕业，留美，现任“立法委员”）

教育厅长　吴希庸（东北大学毕业，留美）

建设厅长　郭克悌（留美，原任东北电信总局局长）

余主辽宁省政，受命于危难之际，急思竭智尽忠，希望把辽宁省从破坏和散乱中整理起来，以期对东北大局有所补救。就任之初，即整饬政风，打破人情政治，擢用新人，推行新政，制订“以工代赈”条例，解决难民生活（其时辽宁省有五六十万难民，因生活无着，情绪不稳，故形成社会之乱源），并颁行“由难民代办荒芜田地”办法，而为渐进的土地政策，复力主军民合作“剿共”计划，由民政厅张厅长式纶赴河北考察该省动员“剿共”办法，参照订立规章，甄训干部（总计调训四千余人），督导各县实施。惜以环境限制，其他重要建议与计划未得当时东北负责当局采纳和实行，苏子瞻有言曰：“言之于无事之时，足以为名，而恒苦于不信；言之于有事之时，足以见信，而已苦于无及。”乃古今同慨。后以东北“剿匪”总司令卫立煌对最高统帅意图既未理解，命令亦未彻底奉行，遂演成不可收拾之悲惨局面，卒致林彪部长驱入关，追怀往事，不禁感慨系之。

余之主持辽宁省政，为期短暂，三十七年十月底，辽宁省政之任务随卫立煌之撤退而告结束。

余三十年从军、主政、此其梗概。现任“中央评议委员”、“总统府国策顾问”，仇未复，耻未雪，悠悠十年，清夜以思，真有所谓“顾影自怜，问心有愧”也。

附录：就任辽宁省主席时在记者会上从侧面发表政见

三十七年二月十八日

军事是政治的延长，政治上却是打的民心争取战。此时谈争取民心，要问负责行政人员有没有两大勇气？能不能遵守一个原则？

第一是勇于自责。自责是负责、尽责的表现，一个勇于自责的政府或政治家，是取得人民衷心谅解和爱戴的心理基础。从前专制帝王每逢国家大的灾祸，也要下诏罪己，所以振肃百僚，挽回民心，妙用是无穷的。随着政治经济各种情况的恶化，今日民间社会到处充塞着愤懑不平和不安的情绪，浸假而变成一股乖戾怨毒之气，郁极思发，真是无穷祸乱之源。我们以为行政负责人员，必须面对现实，痛切反省与自责，唯自责才能尽责，也才能责人，才能使民心归服。我们天天谈政治革新，但革新也要在人之勇于自责的空气中进行。政治上若干无能和不肖之辈，要在自责的环境中，受到天然的淘汰，政治上才有澄清之望，民心才有转变之机。

第二是勇于改革。今日待改革的事，千头万绪，一似无从谈起，但一切既以争取民心为最后目标，则在原则上应该注重：

（一）全面性。运用快刀斩乱麻的手腕，实行大胆而全面的改革，以一新人民的耳目。

（二）持久性。人民要看的，却不是政治魔术家玩弄的新花样，徒取快于一时，而是一个贯彻始终的持久努力，故与其改革方案层出不穷，而样样虎头蛇尾，倒不如约法三章，与民更始。

（三）突击性。改革计划要有重点，政府应针对人民最渴望的几件事提前而痛快地实施，例如惩治贪污，不妨刑乱用重，征用豪门资本，亦何妨速做紧急处置？这对于收拾民心，将是有极大的功效的。

（四）实际性。但如改革而只在粉刷门面上做工夫，而不接触到人民实际生活的需要和改善，也将是徒劳无功。此点或嫌高调，其实不然。我们绝不应借口戡乱军事时期，而忽略了安定和改善人民生活的努力，民生主义的最终目的在此，而政府所赖以争取民心，完成戡乱建国的唯一把握亦即在此。

如何遵守一个原则呢？使政府与人民利害一致而已矣，好恶与民同而已矣，彻底革除豪贪庸劣，修明内政，一新耳目而已矣。

根据人民的生活经验，尊重反对党的存在与力量，就是民主政治。根据人民的生活经验，统一党内的观念与认识，就是民主政党。只要大家愿意将政治观念与认识，折中于人民的生活经验，一切暴力皆不需要，就可以解决政争。可知个人的政治观念领导人民的时代过去了，应当让人民的生活经验来支配时代了。不能顺从时代趋势，接受时代要求的人，将来必是历史上失败的人。

英国人政治的高明，全在乎英国人承认反对党不但有权利反对政府，并且有责任反对政府。

四、反省、感慨、期待

（一）实践心得

本节所述，从做人做事方面，对组织领导，决心判断，合作均衡，思维创见，以及应变能力等，作自我检讨，对优劣点并举。

做人：以忠、勇、诚、恒，危难不变其节，生死不易其操，为革命精神。以吃得苦，耐得穷，明于是非善恶，严于出处进退，为内心防线。

做事：以知耻、负责、公正、廉明，勤能敬事，从远大处着眼，向危险方面前进，为服务道德。

余才识浅薄，对国家贡献殊少，而固执原则，坚定立场，从无犹豫与懈怠也。

治军：则得力于率先躬行，与士卒同甘苦，明是非，严赏罚。并注重学术，由学术中坚定信仰，增强战力，即知即行，以行求知，贯彻任务，颇著成绩，然每欲求急效，而求全责备，成就反不圆满。

主政：则得力于“公廉”二字，盖以人不怕能而怕公，不畏严而畏廉。基此复须具备两个条件，第一是“诚实”，第二是“效率”。诚实为人格的表现，效率为智识能力的表现。所以主政的人，固然应当求学问经验，以获得在效率上之表现，更应当从诚实上作人格的修养。余庸愚，陈义虽未高，终于运用能力缺欠，学养不足，而成就有限，无补时艰。然而也得到了痛切的经验教训，就是政治上的改革，如果没有一套全新的制度，作为基础，必然是换汤不换药，徒劳而无功的。

战争是奋斗、血的考验，政治是众人的事，均非一手一足之力而可有成。是以能知人、能用人，乃事业成败的关键。不但要用人，并且要用学问能力比自己强的人。所用之人的成功，就是用人之人的成功。政治上最忌犯的事就是主持的人胸襟狭、气度小、眼光短、多喜欢用不如自己的人。张居正能用戚继光平倭寇，便是张居正的成功。曾国藩能用左宗棠，虽以后左与曾意见相左，还是曾国藩的成功。一得之愚，拳拳服膺之。

（二）精神修养

本节叙明思想、信仰，对革命哲学之领悟以及荣誉、气节、热忱、负责、廉介、主动、积极等德性，就优点与劣点及实际事例，同时并举。

余于民国十九年五月加入中国国民党，使以往之孤高自许，欲有所图报于国家者，乃得一豁然可循之途径，思想信仰即集中于三民主义，统一于三民主义。三十年来，对本党虽少建白，然兢兢自持，未稍陨越。由研读总裁之实践力行哲学中，领悟到一种可怕的现象，决不在不知而不肯去行，而是在已知而依然不肯去做。亦决不在不知失败的原因而不去改进，而是在知道了失败的理由还是不力图改革，常以此自儆而儆人。又鉴于少数人之思想纷歧陈旧，已经赶不上时代。更体认得，凡对于一切事物之观察、分析、认定必须基于三民主义之哲学，适应时代要求，然后一切行动，乃有所本，而不致有所偏差。此实一切努力的总基础，绝非形而上的空谈。

由上述看来，一切都要怪自己，不要怪时代。要使自己去适合“前进的时代”，不要使时代来迁就“倒退的自己”。

余自入世以来，即抱与人为善及本良知不自欺之精神，而以用人以才、待人以诚、处世以公、治事以勤为荣誉、气节、热忱、负责、公正、廉介、主动、积极等德性之具体发扬与表现。纵以守正不阿，与人不苟同，不苟合辄不为人所谅，但以时间之考验，而人亦终必自释矣。

余少时读王阳明全集，服膺其良知之说，一生行事一本于此，只求于心无愧，不求见谅于人，故求全求善之心过切，操之不免较激。读史记，太史公在游侠列传中，他提出朱家、郭解，说朱家是“专趋人之急，甚己之私”，郭解是“以德报怨，厚施而薄望，既已振人之命，不矜其功”。复倾慕朱家、郭解之侠义之行为，故疾恶如仇，善善恶恶不免过露形色。凡此皆余之最大缺点，其亦食古不化也欤。

（三）生活才艺

余个人生活，素崇纯真，并时秉“惟俭可以助廉”之训，虽历世已深，未敢自懈。又以读书少，时思有所弥补。以往多研究军事国防工业，工商管理及文学等著作，近年喜读中国历史与西洋史。骑猎、音乐、照相等亦皆所爱好，尤眷念于边塞生活。健康状况甚好，唯头渐秃、视渐茫，中年已过，德业未修，思之惶恐。几年前每在香港工商日报发表粗疏之军事、政治论文，嗣以资料有限，思路迟钝，未闻此道久矣。

（四）政治感言

△在旧日君主时代，有所谓功则归君，过则归己；民主时代的领导者，则必须反其道而行，有过则引为己责，有功则归诸群众。以过失归诸他人，功则攘为己有，这实在违反时代精

神的想法。而现代领导者须具备许多条件，最主要者：一、培养人才，为一个领导人物效忠国家的最高职责。二、“为而不有”，把所有一切的功劳，一一奉送给别人去。更为统御指挥的最高道德。

△现在做官者，为做官而做官，只要人人敷衍，事事通融，反得久于其位，步步高升。官场最不可缺的品格是圆滑，最宝贵的技术是应付，这种自然淘汰，是淘汰民族中之强者、有能为者，保留民族中之弱者、庸碌无能者。

△如果青年人对他自己的国家社会脱了节，青年人固有流离失所之叹，损失最大的还是国家社会。青年人不想将来，或他们的将来与国家社会不生关联，国家不会有发展。国家社会终将为青年人取代，即令是为了自己，也该多做一些“为青年”的事。青年人不能发抒其才情理想，国家不会有前途，青年人没有出路，是政乱之由。国家不容害慢性病，革新政治不能永远只是一种心理状态，也不是把这种心理状态说出来就算了的。

△政治须物色“有个性”的人物，所谓有个性，并非暴跳如雷之谓，而是遇事能忠于一定的原则，常常把国家的利益放在自己的官运前面，而不是物色那些一旦官位动摇，立即牺牲原则的政客。

△一、重视反对派。反对者名为政敌，实为政友，而非政仇，这面镜子比《资治通鉴》要高明得多。我们与其读孔子教条，实不如听近人的议论为妙。二、重视舆论。有健全的舆论才有健全的政治，它可以使政府随时警惕，也可以替政府宣扬德意，比一切由政府自己运用的任何办法都有效。制度虽然是新的，运用精神还是旧的，结果有旧的坏处而无新的好处。关于政治改革，官方的政策多是主张采取一种“逐渐演化的程序”。可是历史告诉我们，不积极自动地作一种革命性的改变，而听任自然的演化，其结果是必归于灭亡。政治家是干政治，政客是玩政治，政治上最大的危机，就是从事政治的人不甘寂寞，顾亭林说：“不甘寂寞则何事不可为。”正是对政客的针砭。所以舆论是国家最大的资产、政治上最大的“人才”，不应稍予忽视。政治没有制度，行政没有轨道，一切靠人情，吏治永远不会清明，政治永不会上轨道。

△中学为体，西学为用（有抵抗西方文明的意思）的思想，不管在说法上如何动人，其实却正是中国工业化与民主运动迄未成功的根本原因。我们的毛病在昧于传统，让传统绊住了前进的脚步。传统并非绝对是坏的东西，但是传统是旧的东西，则毫无疑问。旧的东西除视作一种死的遗产，供作国家民族的表征，若要使这遗产在现在生活里发生积极作用，必须通过时代的洗练，必须让时代来选择与淘汰传统，赋以新生命，却不能以传统来对抗时代，用传统的意义来解释时代。非常不幸的，

我们似乎一向在以传统来对抗时代，用传统来解释时代。在政治上变革无成，就是由于我们依然迷信旧日的伦理道德，依然昧于“不变”的哲学与政治信念。为了维持这传统，纵然国家的进步因而迟缓，也得容忍下去。是值得研讨的。

△在长期的军政工作中，亦深切感觉得：阻碍国家进步的原因很多，各级在位者，任过其才，实为最重要的一种。而任过其才，且不自知，或不自觉，甚或反以为不足，不安于位，置事功于不顾，唯私欲之是图，尤为其中最大的症结。

值此国家危难之时，吾人当痛切自省，应先反躬体察自己之知识能力，是否能配合自己的地位与职责？换言之，自己之地位，是否已超过本身之知识和能力？或纯赖知识能力所获得？而任职以来，又有何功绩？假令担负更高责任时，将更有何经纶？有何把握？凡此皆当彻底警醒，而必有所自知者。

自今以往，我们必须切自反省自己的职责，得无过重？才力是否不足？如以为不足，即应当努力以求知识，更应当精勤以供职守，并时具忏悔之忧，虑无以对国家，无以免咎责，而决不容有自私之希冀，非分的欲求，然后方可以自振而补过，方可以自救而救国。

五、张作霖与东三省

（一）张作霖崛起草莽

1. 投效毅军与组织“保卫团”

张作霖字雨亭，光绪元年生于辽宁省之海城县（张氏家族原籍河北，至其祖父时，移民关外，遂落籍于此）。少孤贫，年未冠即投入毅军马队管带赵得胜部下当兵（张作霖事母至孝，后因其二家兄作孚被当地流氓击毙，张替其兄报仇后，因畏罪遂投入毅军），以其精明强悍，且善骑射，得擢为哨长（排长），参加中日甲午之战，战后，毅军撤回关内，张也离开毅军。

甲午之战，清军溃败，枪械遗落民间不少，因之造成大批土匪，骚扰乡里。民间遂亦起而自卫，纷纷组织乡团。张乘机率同张作相、汤玉麟等十人，在桑林子（台安县北三十里），组成乡团。不久，张将八角台（现台安县址）张景惠所率领兵匪不分之乡团收服，得二十余人，就在八角台另行成立保卫团。维持治安，甚为认真，如某人经匪绑架，某家骡马被匪偷窃，均须负责找回或赔偿，地方人民，深为信赖，故对张所领导之保卫团，有“保险队”之称。尔后，又杀巨凶杜天义，擒盗魁海沙子，名闻遐迩，地方得以安定。张部在此刻已近二百人。

2. 弃暗投明任管带

等到庚子（光绪二十六年，公元一九〇〇年），拳匪乱起，俄寇入侵东北，奸杀抢掠，无所不为。张即利用人民自卫卫乡的心理，编成“义勇队”，有人枪四百余（有说日军曾接济枪弹，按常理推断，有此可能），在新民、台安黑山县一带，对俄军展开游击战，颇予俄军以损伤和威胁。

庚子之乱以后，地方秩序破坏，清廷为安定地方，分令各府、县，凡是辖境内的游杂团队及大小股土匪，肯弃暗投明者，一概不咎既往，收编为正式防军。这时，张部实力最强，纪律最好，人枪已扩充至一千余人，遂于光绪二十九年（一九〇三年）经新民知府增韫编为新民巡防营，张任管带（营长），张作相、张景惠、汤玉麟等分任哨官（连长）。

3. 擢升中、前两路巡防统领

光绪三十年（一九〇四年），日俄开战，土匪蜂起，张率部剿抚大小股匪，绥靖地方，极有功绩（外传张曾替日本当游击队，助日攻俄，这是不正确的。因张氏在光绪二十九年已经正式编为巡防营，成为清廷的正规部队，清政府绝对不敢让正式的部队参加作战，替日本打游击，事实上亦无可能）。于翌年由总办奉天巡防事务张锡銮，呈请盛京将军赵尔巽擢为五营巡防统领，自新民移驻辽源。又以歼灭蒙匪牙仟及击溃陶什陶之功，在宣统元年，张升为奉天前路巡防统领，辖步、骑兵七营，驻防洮南府。

辛亥革命，张率所部自洮南进驻沈阳，当时东三省总督赵尔巽并命张兼任奉天中路巡防统领。张既为中、前两路巡防统领，事实上已成为巡防军的首领，也从此建立了掌握东北政权的基础。

（二）辛亥革命前的张作霖

1. 东三省的军事态势

辛亥革命前夕，东三省的军事态势是：新军中、陆军第三镇驻防长春、永吉一带，统制为曹锟（协统卢某代理），吴佩孚就是第三镇中的营长。第二十镇驻防新民、锦州两府，统制为张绍曾，冯玉祥为第二十镇第八十标第三营营长。第二混成协驻防沈阳北大营，协统为蓝天蔚。地方军名为巡防营，分中、前、左、右、后五路，共约四十营。中路巡防驻沈阳、铁岭附近，统领刘某。前路巡防驻洮南府，统领为张作霖（张作相在前路任营长）。左路巡防驻彰武、黑山地区，统领为冯德麟。右路巡防驻东边道，统领为马龙潭。后路巡防驻辽源、通辽一带，统领为吴俊升（万福麟在后路任营长）。这时，清廷已改任赵尔巽继锡良为东三省总督。

2. 取得地方军领导地位

辛亥年八月十九日，武昌首义，各省纷纷响应，东三省也激起了波动。在新军方面，以第二混成协协统蓝天蔚为首，策动反正。在地方方面，则以奉天省咨议局议长吴景濂为首，也酝酿独立。赵尔巽总督觉得新军不稳，自己责任重大，决定利用和他有渊源的地方军，来牵制新军及镇压咨议局，以便维持清廷之统治。乃密调后路巡防统领吴俊升率所部开沈阳，加强拱卫，防止革命。事为前路巡防驻沈阳办事处处长张惠临所悉，当即使用最迅速的方法，密报张统领。张得报后，立刻离开洮南来沈阳，并命令所辖步兵和骑兵共七个营，星夜急行军，向沈阳开拔。洮南在辽源的北方，张本人于八月二十三日晨通过辽源，为吴俊升所悉，当率万营长等出郊欢迎，张氏既没有停留，也没有透露任何消息，仅说沈阳家中有一点小事，要回去料理一下，请张氏早餐，亦被谢绝。至中午张部骑兵第一营（营长张作相）通过辽源时，吴统领尚茫然不知何事。迨张部完全开抵沈阳附近，吴统领才接到赵总督调他入卫的命令。张氏到达沈阳，即刻晋谒赵总督报告："因局势紧张，唯恐总督陷于危境，故迫不及待，率兵勤王。如总督认为未奉令，擅自行动，甘愿接受惩处。"云云。赵尔巽迫于紧张情势，只好默认事实，面加奖励，并补发调防命令。过两天索性把驻防沈阳、铁岭一带的中路巡防统领刘某调职，派张氏兼任中路巡防统领。此时，张氏以前路兼统中路，兵力约在十五个营以上，事实上已成为地方军的首领。在此期间，张氏在赵尔巽心存观望，口说保境安民的意图下，解决两大问题。一为制服新军，接受保境安民的主张。一为镇压咨议局，赞同不发独立宣言的意见。由于这两场精彩的表演，帮助赵总督渡过了二道难关。但张氏也建立了掌握东三省军、政权的基础。就张氏个人而言，是一种成功，而这种个人成功，完全出于头脑机警，看清赵尔巽总督的需要及个人决心坚定、行动迅速所致。

（三）张作霖策动新军与民党独立的经过

1. 制服新军

赵尔巽总督感觉局势紧张，即于辛亥年九月一日，在沈阳召集新旧将领会议，讨论应付时局的方针和东三省应持的态度。当时被邀的，新军将领计有第二混成协、第三镇、第二十镇的统领、协统、各镇参谋长。旧军将领则为五路巡防统领。在正式会议之前，新旧军将领均分别开预备会议，讨论在会中所持的态度。新军将领张绍曾、蓝天蔚、卢代统领等商议结果，主张东三省宣布独立。旧军将领由张统领召集会议，决定一致拥护赵尔巽总督保境安民，暂持观望态度的主张，并作对付新军的部署。

当日下午四时，正式宣布开会，赵总督首先起立说："武汉叛乱，朝廷正派大军剿办，不久即可敉平，东三省为皇上老家，我们必须拥戴朝廷，不受叛乱影响，以固国本。"接着说："这时我们东三省最好不动声色，不表示态度，见机行事，武汉果然成功，我们再响应，那时少不得有我们的份；若是失败了，那时我们并没有表示，自然也没有我们的事。这是我的意见，大家是否赞同，请发表意见。"总督说完了，参加会议的将领，面面相觑，没有一个发言。总督又说："现在朝廷还没有谕旨下来，我们的要务是'保境安民'四个字，抱定这个宗旨，无论是谁来，我们也堂堂正正拿得出去，地方百姓安居乐业，就是我们的一大功劳。"稍停又说："我们今天应当郑重地表决一下，谁赞成我的意见，就请举手。"

当时张统领一入会场，手中就拿着两个圆状类似炸弹的毛巾包。总督刚说完，张统领首先举手赞成，其他四路统领也随着举手。可是新军这边各镇统制、协统、参谋长，依然默不作声，动也不动。总督一看会场里的情形，觉得不好收场，于是又说："诸位还都年轻，遇事总不免容易冲动，我比各位年长几岁，什么事都经过了，能听我的话，大家不会吃亏的。有什么困难，各位尽管说出来。"会场还是一片寂静。

正当局面尴尬的时机，张统领起立发言："总督劝告诸位保境安民，暂不表示态度，苦口婆心，可谓仁至义尽，大家如果不接受总督的好意，举手赞成，我们今天这屋子里的人，只有同归于尽，谁也别想逃出。”说完坐下，双手握着那个毛巾包。赵总督乘机又说：“各位听我的准没有错，也许我上了年纪，话没有说清楚，大家没听明白，现在我再说一遍。”于是又把上面的话，重说一次。接着又付表决。这次新军将领中，卢代统制首先举手，大家也相继随着举手赞成，赵尔巽总督欣喜地说：“这是全体通过了，大家总算给我一个老面子。”会议即告结束。

会议完了，蓝天蔚将卢代统制的袖子抓住说：“你这个家伙，在外头我们怎说的，说完了不算，到里面又举手。”卢脸红耳赤地反驳说：“老兄，有命才能革命，张某那两颗炸弹，你难道没看见？若是放响了，我们还能有命吗？好汉不吃眼前亏，我是救了大家，而且我的手是举到耳朵根，只算一半赞成，一半反对，你们不看清楚，糊里糊涂就随着把手全举起来，谁叫你们举起来，怎能怪我呢？”大家互相抱怨了一阵，也就散了。

2. 镇压咨议局

新军独立的一波方平，民党独立的一波又起。奉天咨议局议长吴景濂，于九月二十二日，用“保安会准备会议”名义，召集开会，拟于会中宣布独立。当请赵尔巽总督出席，赵即和张统领商讨对策。张氏以地方军首领身份也被邀出席，并秘密布置，分派某军官应付某议员。赵总督偕张统领于下午二时到咨议局，吴议长即宣布开会，吴说：“我们为了响应武汉革命，应即成立奉天国民保安会，推请总督为会长，宣言脱离清廷独立。”说完了之后，就请总督在拟好的独立宣言上盖章。赵总督听罢，张皇地说：“你们若是搞自治，还可商量；独立就是造反，那怎么可以？请你们另选会长吧！我实在不敢当。”吴议长接着说：“革命在推翻满清，不能讲条件，不能打折扣，为革命我吴景濂是不计生死的。”

这时张统领面对吴议长而坐，吴话说至此，张氏即抽出手枪向桌上一拍说：“我张作霖有人就有枪，有枪就有人，只要是对地方有利的事，我张某是天不怕地不怕的，今天我们得尊重总督的意见……”吴景濂在张氏的话尚未说完，便吓得从椅子上溜倒地下，一言不发。其他议员看到议长这样颓废，又发觉周围所坐的便衣军官怀中都带有手枪，就赞成赵总督的意见，不发表独立宣言，仅把黄龙旗降下，改升黄色旗。原来预定在旗上所写“光复”两字，也改为“奉天国民保安会”字样，成为会旗。赵尔巽即在张统领护卫之下，就了会长，并通电吉林、黑龙江两省，分别成立吉、黑“国民保安会”。这时，东三省政权仍在赵尔巽手中，代表清廷行使统治。东三省清廷的老家，也就这样革命了。但辛亥年九月二十二日，总不能不数为东三省革命的宝贵纪念日。

（四）自师长到奉天督军兼省长时代的张作霖

1. 任陆军第二十七师师长

赵尔巽总督于民国元年九月将奉天中、前两路巡防改编为陆军第二十七师，任命张作霖为师长，驻防沈阳附近。并以左路巡防为主编成陆军第二十八师，任命冯德麟为师长，驻防北镇、锦州一带。右路巡防仍旧。再由后路巡防抽出一部编为陆军骑兵第二旅，任命吴俊升兼旅长，驻辽源附近。

不久，赵尔巽去职，张锡銮继任奉天督军，对各部颇表爱护，各部对张督军也知服从。尤以张、冯两师长，在张锡銮总办奉天巡防事务任内，曾受其知遇，故事之尚为恭顺。

2. 继段芝贵为奉天督军兼省长

迨袁世凯密谋称帝，于民国四年初，特派段芝贵继张锡銮为奉天督军。段急欲对各部加以控制，各部因之对段大起反感，当暗中推举张师长为首，与段抗衡。张氏一面拥护袁世凯，且表示愿率军供其驱策；一面继续与段为难。段既发觉张氏不愿受其节制，亦乘机向袁建议，将计就计，速调张氏率部离开奉天。袁乃下令调第二十七师开湖南，张即向段请械索饷，准备出发。而地方团体，又以治安为由，电京请予留防沈阳，袁为迁就事实又允之。这样一来，段之阴谋，当被张氏所悉，彼此遂益不相容。

段芝贵为民国四年九月间，十四省将军密请袁世凯速正帝位中活动最力之一人，也是武人向袁称“臣”的第一名。民国四年十二月二十一日，袁大封爵位，段封一等“公”。张、冯两师长和吴统领认为他们做了段芝贵称“臣”封“公”的资本，非常愤慨，便一同到督署见段，在庆贺其封“公”中，却揶揄地说：“洪宪皇帝要登基了，大帅是开国元勋，总得进京参见登基大典吧。”段为了称“臣”封“公”冲昏了头脑，以致对他们的冷讥热嘲，仍然是莫名其妙。

到了袁世凯帝制渐为各方所反对，张氏乃扬言奉天将宣布独立，一以吓段，促其自动离去，一以示意于袁，欲取段而代之。段芝贵在此刻才觉得事态的严重，为求转圜，许张氏以绥远都统，张亦未加理会。段不得已，只有自请辞职，从沈阳狼狈回京，并携走督署历任节余之款几十万元。袁世凯为安抚笼络计，即于民国五年二月特派张氏为奉天督军兼省长。当年奉天为东三省首省，吉、黑两省在军事、政治、经济上，实唯奉天马首是瞻。张氏既受任奉天督军，实际上便成为奉、吉、黑的领袖了。

（五）张氏统一奉吉黑军政与升任东三省巡阅使

1. 奉天军权的统一

张氏升任奉天督军后，仍兼陆军第二十七师师长，第二十七师辖第五十三旅，汤玉麟为旅长。第五十四旅，孙烈臣为旅长。汤粗鲁，孙精致，所以第二十七师事务，则多由孙烈臣主持。

汤部第五十三旅驻沈阳城郊，由于军纪问题，常和奉天省警务处长王永江发生纠纷。王素为张氏所激赏，奉张命关于第二十七师军纪情事，多有报告，而招致该师团、营长的不满。张氏略有所闻，于民国六年春节后，授意王宴请第二十七师、旅、团、营长，而竟被托辞谢绝。张氏知之，颇不谓然，召集部下，大加申斥，因之形成对王永江的更不谅解。

但张氏始终支持王永江，且嘱孙烈臣整饬第二十七师军风纪。汤认为张氏既袒王，又提拔孙，将来第二十七师师长与己无分，遂表示反抗，并联络团、营长，酝酿叛变。唯若干团、营长认为反王则可，叛变则不可。汤知闯祸，匆促间率二百余人向新民县逃走。张氏当即派第二十七师炮兵团长张作相率骑兵追击。汤前张后，追到新民时，不意陆军第二十八师第五十五旅旅长张海鹏竟率骑兵一营，已先在新民接应汤玉麟，汤在张海鹏掩护之下，逃往新立屯（第五十五旅旅部驻地）。张作相为避免惹起第二十七师和第二十八师之正面冲突，即听任张海鹏将汤玉麟挟走，未曾截击。张督军亦不愿将事态扩大，汤玉麟事件，即告结束。

袁世凯任命张氏为奉天督军，另派第二十八师师长冯德麟为帮办，帮办可以升任督军，这是袁之权术，即扶置“两头”，互相牵制。张氏心知之，而颇坦然，冯则心有不甘，对张氏不免多所困扰。及汤玉麟事发，认为有机可乘，即派张海鹏策应，将范围扩大，复与后路巡防统领兼骑兵第二旅旅长吴俊升联络，意在利用汤变机会，里应外合，推倒督军。许吴于事成后，编为第二十九师，冯作督军，汤玉麟升为第二十七师师长，张海鹏升为第二十八师师长。但汤变旋即平复，吴未为所动。

张氏既知此全部计划，即于汤逃走之后，首先安定第二十七师，升孙烈臣为第二十七师师长，第五十三旅旅长则以骑兵团长张景惠升充，第五十四旅旅长由张作相升充。其次，将后路巡防与骑兵第二旅改编为陆军第二十九师，任吴俊升为师长。第三，策划瓦解第二十八师。时有于冲汉者，与第二十八师第五十六旅旅长汲金纯（驻锦州），交称莫逆，汲在本师原不得意，张乃密派于往说之，汲表示愿意受督军直接领导，遂被委为辽西剿匪司令。这时第二十八师实际只剩张海鹏一个旅。

张氏部署既定，乃于民国六年五月底，调动第二十七、第二十九两师，向新立屯、北镇县（第二十八师师部驻地），取包围态势，接着就声言调换第二十八师师长及第五十五旅旅长。冯鉴于内部有变，又悚于两师威胁，正在彷徨，适张勋阴谋复辟，冯为另谋出路，且得张氏同意，即率张海鹏赴北京参加复辟运动。张氏乃免去其师旅长职务，而自兼陆军第二十八师师长，尔后由汲金纯升为师长，于是奉天军权遂告统一。

张氏任奉天督军后，即乘黑龙江陆军第一师师长许兰洲驱逐黑龙江督军朱庆澜（子桥）的机会，于民国七年三月推荐鲍贵卿为黑龙江督军，张氏亦于是年升任东三省巡阅使。翌年夏，又压迫吉林督军孟恩远出走，调鲍贵卿为吉林督军，鲍所遗黑龙江督军，则以第二十七师师长孙烈臣升任。至此，奉、吉、黑军政大权，完全归张氏所掌握，而东三省统一矣。

2. 张作霖之气度及风谊

张雨亭先生气度恢弘，敢用人，肯信人，能容人。汤玉麟以后认罪，又派之为镇守使、旅长、师长，官至热河都统。冯德麟在复辟运动失败后，还是为之解脱，接回沈阳，并派充三陵都统。张海鹏经人疏解，也任之为旅长、师长。朱庆澜，清廉有政声，仍被请回，任为东三省特别区（哈尔滨）行政长官。那种风谊，颇为那个时代的人所景仰。

六、东北讲武堂之沿革

（一）东北讲武堂成立之经过

东北讲武堂之前身为奉天讲武堂，创设于民国八年（事实上，民元即有讲武堂之设，唯其时教材设备均极简陋），其中一度易名为东三省陆军讲武堂。缘张学良本考取保定陆军军官学校第八期，其后因种种原因，未前往就读，张作霖因思自设军事教育机构，以便解决张学良之读书问题，另一方面，则在培养军事人才，遂于民国八年成立奉天讲武堂，此为张雨亭设立奉天讲武堂的真正动机。

奉天讲武堂共办三期，教官多为日本士官或陆大毕业生，郭松龄到讲武堂担任教官即自此始，郭与张学良发生关系，其渊源最早亦可溯源于此。

民国十一年第一次直奉战争，直胜奉败，张作霖大受刺激，认为老的军官及旧的教育方式均不合时宜，遂痛下决心，整军经武。为了整编部队，首先成立东三省陆军整理处，作为陆军之编制、装备及训练的决策机构，东三省之陆军，由整理处统一整编。在人事上，亦重新改组，由吉林督军孙烈臣任整理处之统监，张作相（原任第二十七师师长）、姜登选分任副监，参谋长一职，则由张学良亲自充任。为了整理陆军，同时亦加强讲武堂之组织，将奉天讲武堂改组为东三省陆军讲武堂，聘萧其煊（号叔萱，福建人，日本陆大毕业）为教育长，并由第四期起，分设三个中队，第一中队中队长何柱国（广西人）、第二中队中队长杨正治（湖南人）、第三中队中队长戴联玺（河北人），上述三人均为保定及日本士官之毕业生，教官中亦以出身保定或日本士官、陆大者为多，奉天讲武堂时代的老教官多遭淘汰，教授方法及管理形式均较前进步、严格，完全仿照保定及日本士官那套做法，因是质量均有所改变。

民国十六年第八期起，招生范围已扩及平津一带，招收之学生，亦不限于东北各省，关内之省份，亦有学生前往应考，由于人数之增加及范围之扩大，遂定名为东北讲武堂。

计自民国八年成立奉天讲武堂起（共办三期，即一、二、三期），中经民国十一年第一次直奉战后改组为东三省陆军讲武堂（四、五、六、七期属之），至民国十六年正式定名为东北讲武堂（八、九、十、十一期属之），历时十二载（民国二十年“九一八”正式宣告结束），共办十一期，其中虽数易校名，但讲武堂始终为东北之主要军事教育机构，东北军之基础亦奠基于斯。在上述十一期中，六期以前校址设于小东门外，即赵尔巽所办讲武堂之旧址也；第七期开始，因人数增加，原址不敷应用，另觅新址，可容万余人；九期以后，范围更形扩大，教学设施亦更为完备矣。

（二）各期办理情形及其特点

第一期至第三期：民国八年，东北成立奉天讲武堂，开始招收第一期学生，每期由三百二十人至三百五十人不等，学生来源分别由东北各部队中选拔，凡合乎标准之青年军官，经考试及格后，进讲武堂接受为期一年之军事训练，毕业后回部队充任下级军官。招收之兵科计分步、骑、炮、工、辎、通信六种，东北军官之基础奠基于此，而东北军官之学历亦以此为正式出身。民国九年东北军进关，十一年第一次直奉战役，均有讲武堂毕业生参加作战任务，讲武堂之教官亦于各战役中担任作战指挥工作。

第四期：民国十一年，东北军战败退出关外，为了配合整顿军队，作为全面革新之基础，将奉天讲武堂改组为东三省陆军讲武堂，聘萧其煊为教育长，开始招收第四期学生，共分三个中队学生三百六十人，其中由部队挑选八十余人，其余则招考高中毕业生（此期已有北大学生参加考试）。教官当中，保定毕业者亦多，因是时保定军校因战争关系宣告停办，教官到东北为数颇多，因而教育方式亦多仿照保定军校。教官除延揽保定人才外，亦罗致不少专家学者，如白瑾圭（留德学炮工）、李广林（留法学炮工）、张修敬（留日）等任教官。第四期在学期限为一年半，教授方法较前三期进步，管理形式亦较前期严格。同时，因战争关系，见习时间（原定半年）亦大为缩短，因战功升迁亦颇为迅速。

第五期：方式及做法与第四期无多大变动，董彦平原在日本明治大学习法律，北京大学毕业的刘鹤龄，均考入讲武堂第五期就读。

第六期：时值民国十三年第二次直奉之战，三个中队长另膺新职（戴联玺调任直隶督办公署军务处长，杨正治、何柱国则升任团长），萧其煊亦改调镇威上将军公署之参谋处长，教育长一职，改由朱继先继任（朱氏前曾任张作相之参谋长，后当旅长）。学生来源为部队选拔一半，高中学生招考一半，修业期限与四、五期相同。

第七期：教育长由杨正治（先后当过旅长、师长等职，抗战时期任军训部步兵监），学生全部招考高中毕业生。

第八期：民国十六年招生，并定名为东北讲武堂。此期仍采部队选拔一半、招考一半的办法，唯是期招生范围不限东北各省，关内亦有学生参加考试，学生人数亦扩张至七百人。

第九期：民国十七年年底招生，学生人数高达三千二百人。何以此期学员人数特多？原因有二：一则以东北易帜不久，部队经过一番整编，编余之青年军官合乎标准者均进讲武堂就读；一则以孙传芳部队亦经一度改编，其编余之军官（金陵军官学校毕业者）亦送讲武堂受训，孙传芳部队之军官进东北讲武堂自此期始。

第十期：与第四、五期方式大致相同，亦为招考一半，部队选拔一半，学员人数共二千四百人。

第十一期：学员人数亦为二千四百人，民国二十年四月间开学，“九一八”事变正式宣告结束。以战事关系，学员受训时间未及一半，纷纷离校回原部队，而东北讲武堂亦于此时关闭，成为历史陈迹矣。

（三）历任堂长及教育长

东北讲武堂共办十一期，最高负责人称“堂长”，一至八期，堂长一职由张作霖亲自兼任。第九期起，堂长易名为监督，九至十一期之监督为张学良。

讲武堂之实际负责者为教育长，历任教育长变动颇大，兹分列如次：

一至三期：熙洽，满洲人。日本士官毕业。

四至五期：萧其煊，福建人，日本陆大毕业。

六期：朱继先，曾任团、旅长。

七期：杨正治，湖南人，日本士官毕业。

八至九期：王瑞华，辽宁人，保定军校五期毕业。

十期：鲍文樾，辽宁人，陆大毕业，曾任中东路警务处长，在台湾去世。

十一期：周廉，辽宁人，保定军校五期毕业。

七、“九一八”事变的回忆

（一）事变前的交涉

日本既决定“武装占领东三省”，即从二十年六月起，制造“万宝山事件”、“朝鲜排华事件”、“中村事件”，来激动日本军民“用强硬手段，解决满洲中日现存之困难”。但是表面上，仍透过外交形式，由日本驻沈阳总领事林久治郎与我方之荣臻厅长、臧式毅主席，进行交涉。几月来，一方在必有所得，一方则虚与委蛇，当然不会获得协议。林久治郎在交涉中看出我方在推拖敷衍，曾告知荣、臧两氏：“日本军方不耐了，你们必须有具体的答复。”而我们认为这是日本外交上惯用的虚声恫吓，绝没有想到会大规模来侵犯。同时，总以为这许多年来，一切问题，都敷衍过去了，这次也能敷衍过去。因此，既无应变的计划，更无应变的准备。到了“九一八”日军攻击北大营时，荣、臧才在惊疑中向林总领事交涉“立刻制止日军行动”。林答：“全不知情，正向军部探询。”随后臧主席又找林久治郎询问日军真意所在。林支吾其辞地说：“军方行动，无权过问，外交官只能向东京请示。”延至十九日上午二时，日军攻势益急。荣、臧再约林总领事询问究竟，林已避不见面。事情发展到这个地步，荣、臧束手无策，军政即入无主状态。沈阳就在十九日上午被日军占领。永吉、长春、四平街等地，也同时失陷。这一次的国耻，也就是这样造成的。

（二）“九一八”的起因

“九一八”事变，为什么发生？近代史家，已多有叙述，不过在许多原因之外，尚有一点被人忽略的，值得在此一述。甲午中日战争之后，日本吞灭了朝鲜。日俄之战，日本又取得“南满”为势力范围。遂处心积虑，想利用东北作桥梁，以实现其所谓“欲征服世界，必先征服中国，欲先征服中国，必先征服满蒙”的“满蒙政策”。于是威胁利诱主政东北的张作霖，作他们的傀儡。开头，张氏割据自雄，乃至中原问鼎，多少受有日本特务的策动。但张氏绝不甘心把东北合并给日本，而且全力保护中国在东北的主权。直到民国十七年，日本乘张氏危难，提出所谓“满蒙五路建筑权”要求，终为张氏坚决拒绝。迨“五三”济南惨案发生，日本以为大有利于张氏，对张不无德色。而张反以大局为重，于五月九日通电息兵，以免为外患所乘，陷国家于危亡之域。日人之阴谋诡计，又未得售。可是日本还希冀张氏幡然改图，是以在张出关的前一日（六月二日），其芳泽公使，犹携译员晋谒，鼓其如簧之舌称："将以绝大之助力，迫退南军，俾得划江而守，中分天下。"求赏的条件，则为：一、吉会路接轨；二、葫芦岛筑港停止；三、打通路改线而已。张仍严词拒之，并谓："此我家事，于贵方何与？吾宁受南军之缴械，不愿借贵方之助，以保持小朝廷。"言时词色俱厉，极予芳泽以难堪。至此，日人也认清楚了他终不为所用，在愤恨之余，竟一切不顾，使出最后的一着——置张氏于死地。其后，张学良继起，凛于家仇国难，便于十七年十二月底，毫不理会日本的多次警告及多方阻挠，毅然决然的，举辽、吉、黑、热四省以效忠国民政府，助成中国的统一。到十九年，阎、冯叛变，张氏又力排日本的干涉，于九月十八日发出"巧"电〔张司令长官申讨阎、冯的"巧"电，是十九年"巧"日（九月十八日）发出的；日军选定二十年（巧）日（九月十八日）攻击沈阳北大营，这恐怕不只是一个"巧"合的故事〕申讨，派军入关。阎、冯瓦解，中国复归于统一。中国的统一，是日本"满蒙政策"的死对头，结果发生了"九一八"事变。

（三）“九一八”前东北军政情形

“九一八”事变前，东北边防司令长官张学良以陆海空军副司令职位驻在北平行营，并养病于协和医院，东北边防司令长官公署事务由军事厅长荣臻代行。东北边防驻吉副司令长官吉林省政府主席张作相，居父丧在锦州。东北边防驻江副司令长官兼黑龙江省政府主席万福麟因公留北平。东北特区（哈尔滨）行政长官张景惠驻哈尔滨。辽宁省政府主席臧式毅在沈阳。当时东北军政，实际上是由荣臻、臧式毅负责，亦即尔后日本对中国办理交涉的对象。

东北军力方面，时东北空军代司令张焕相驻沈阳，东北海军司令沈鸿烈在葫芦岛。陆军为自陆军独立第七旅至第三十旅（中央给的番号），共二十四个步兵旅（装备精良而有战力的，不过十六个旅）。分布在平、津及河北、察哈尔两省者十二个旅，辽宁四个旅，吉林八个旅。骑兵为一、二、三、四、六共五个旅，驻河北省两旅，辽、吉、黑省各一旅。炮兵为独立六、七、八共三个旅，主力在平津一带。辽宁省防军为东边镇守使于芷山所属步兵两团，骑兵一团。洮辽镇守使张海鹏步兵一团，骑兵两团。黑龙江有省防军三个旅，苏炳文即当时之黑龙江陆军步兵第一旅旅长兼呼伦贝尔警备司令，马占山为黑龙江陆军步兵第三旅旅长兼黑河镇守使。

（四）北大营被攻的经过

事变当时，我任陆军独立第七旅第六二〇团团长，本旅共辖六一九、六二〇、六二一等三个团。旅长为王以哲，第六一九团团长张士贤，第六二一团团长何立中（因公在北平）。只有本团第一营驻皇姑屯，第六二一团三个直属连驻东北嘴子（沈阳城东）营房，北大营营房是坐北向南并列者，第六一九团在东，第六二一团在西（外墙距南满铁路二三百公尺不等），旅部及本团在中间。日军攻击的主要目标，就是北大营的本旅。

“九一八”晚上十时一刻钟，忽闻南满铁路方面发生爆炸，这就是事后查明日军自己炸坏南满铁路一段，诡称“中国军队炸毁铁路”为借口的爆炸声音。我正在团部，判断又系地雷爆发，这是多少天以来，司空见惯的事，本已不再惹人注意。但五分钟后，北大营西墙外有手榴弹及断续的步枪声；接着就是炮响。这个时候，才觉得事态并不寻常，当即叫旅部电话，始知旅长在城内，又叫六二一团电话，已无人接听，复问第六一九团张团长也不在营。至十一时将过，才得知第六一九、第六二一两团，已分别向东山嘴子撤退。我在未奉到命令之前，不能自由行动，只有就营房及已有的简单工事，作战斗准备。到十二时，接奉旅长由城内来电话指示：“不抵抗，等候交涉。”此后即失去联络。“等候”不等于“挨打”，敌人向本团营房进攻时，我决心还击，这是“自卫”必要的手段，虽和“不抵抗”冲突，也只有“一面等候，一面抵抗”了。

十九日凌晨一时四十分，日军步兵二百余，并有跟进的部队，逐次向本团接近，炮兵也开始射击本团营房。此刻适奉东北边防司令长官公署军事厅长荣臻电话，询问情况，并严令“不准抵抗”。我答称：“敌人侵吾国土，攻吾兵营，斯可忍，则国格、人格，全无法维持。而且现在官兵愤慨，都愿与北大营共存亡。敌人正在炮击本团营房，本团官兵势不能持枪待毙。”荣厅长当即指示：“将枪弹缴库。”我答：“在敌人炮攻之下，实在无法遵命，我也不忍这样执行命令。”荣厅长又问：“你为什么不撤出？”我答：“只奉到‘不抵抗，等候交涉’的指示，并无撤出的命令。”荣厅长又指示说：“那么你就撤出营房，否则你要负一切责任。”电话也告中断。正在准备撤退的时候，敌人步兵四百余人，已向本团第二营开始攻击，我即下令还击，毙伤敌人四十余名。就在敌人攻击顿挫之际，忍痛撤出北大营，正为十九日上午五时。本团第五连连长陈显瑞负伤，士兵伤亡十九人。次日，日本关东军司令本庄繁公布“日军死伤一百二十余名”，乃是为了扩大“中国军队滋事”的反宣传，并不确实。

本团撤出北大营后，即沿沈海铁路向山城镇（柳河县属）前进，行至铁岭县大甸子镇，和由沈阳脱险的旅长相遇，本旅在山城镇及东丰县（县长为现任“监察委员”王冠吾先生）附近，略事收容整顿，王旅长命令我代理旅长职务，他要自山城镇乘火车经永吉、长春，先往锦州。我就指挥本旅又经铁岭越过南满铁路，于九月二十九日，分别从彰武县、新立屯两地车运锦州，即调驻北平。

（五）对荣臻的建议

到达锦州的当时，我随王旅长（二十五日到锦州），晋见已由沈阳化装来锦的荣厅长，在报告撤出北大营之后，荣厅长即说："我们已将这次事变经过情形，报告中央，经由外交途径，向国际联盟申诉。现在将驻辽宁的部队，向辽河以西移动；吉林的部队，驻地太分散，先将主力在长春、永吉以北地区集结；黑龙江部队不动，暂维持现状。等待国际变化。不过万主席（福麟）仍留北平，刻在此地（锦州）的张主席（作相）一二日内也要前往天津。吉、黑两省军政失去重心，还有许多问题。"我听了以后，很是惊异，当即未加思索地说："我们自己的问题，只有靠自己的奋斗，才能得到合理的解决。与其往后退以待变，莫如向前进以求变。"荣厅长冷笑着说："你有何高见？"我答："按目前情况，万主席应该赶快从北平回齐齐哈尔（黑龙江省会），稳定黑龙江局面。张主席即日赴哈尔滨，指挥在吉林的部队，收复长春、永吉（通往齐齐哈尔、哈尔滨的铁路，并无阻碍），并把辽宁的部队集结起来，若觉得兵力不足，应将在关内的部队调回一部，派人统一指挥，收复沈阳，局势仍然可以转圜。”我说到此处，荣厅长又笑着问：“这样大的事情，就像你说的这样容易吗？”我答：“我个人认为应当这样做，如果有困难，您可以转向北平建议和请示。”荣厅长稍豫一下说：“再说吧。”看情形不便再说下去，我即先行辞出。位卑言高，自然不会被采纳的。当日晚，本团由锦州车运北平。在赴北平火车中默想，日军侵犯吾国土，占领吾城市，在军人的立场来讲，没能够拼之于敌人攻城攻地的当时，也应不计成败利钝，和敌人拼之于失城失地的今日。坐视不前，反向后走，总是一个不可饶恕的过错。

（六）在李顿调查团作证

国联李顿调查团从沈阳回到北平以后，要我去作证。王旅长率同我们三个团长及我方译员张歆海（前驻荷兰公使），于二十一年六月十日上午十时，到达北京饭店，接受询问。届时调查团的五位团员全体出席。李顿爵士开口就说：“本调查团曾到沈阳北大营现场。”接着即询问王旅长“九一八”事变当时日军攻击北大营全体经过，均由旅长答复。李顿爵士随又拿起一张日军给他的北大营写照地图，对我询问下列几点：一、“你看这张地图是否正确？”我答：“正确。”二、“你的部队，是否驻在这所营房（以手指图）？”我答：“是的。”三、“日军在这所营房的南面、西面，被你的部队击死击伤共一百二十余名，你是否知道？”我答：“知道，但是据我的正确估计，日军死伤不会超过五十名。”四、“依你的观察，日军伤亡以少报多，其用意何在？”我答：“我认为这是和日军当时自己炸毁这一段南满铁路（以手指图），借口‘中国军队炸毁铁路’，突向北大营攻击，同一用意。”五、“你们攻击日军的理由是什么？”我答：“我们并没有进到日军所在地的兵营，向之攻击，而是日军侵犯吾国土，攻击吾兵营，我军被迫还击，是‘自卫’的必要手段。”李顿爵士颔首未语，并转问其他团员有无问题，仅意大利籍团员马克迪伯爵说：“这是正当行动。”作证即在十二时结束。

国联根据李顿调查团报告，于二十二年二月，宣布日本为侵略国。美国国务卿史汀生曾在二十一年一月，发表不承认日本非法侵略的领土，并要英国与美国联合对日本提出严重抗议。日本发动“九一八”事变之初，采取试探行动。如果当时英、美共同出面干涉，根据国联决议，压迫日本撤兵，未必不能实现，这样就可以消弭第二次世界大战。但英国外相西门，拒绝了史汀生的要求，因之，国联中几个强国，也就没有对日本制裁的决心。日本看穿了英、美不采取联合行动，国联的权势，又是纸老虎，于是蛮横狂妄地退出国际联盟，并肆无忌惮地续行侵略。

李顿调查团到达沈阳时，沈阳邮政局意大利籍的副局长普莱第在他给李顿爵士备忘录中曾指出：“如果列强不在东北就地阻遏日本侵略，他相信不出三年，他的祖国意大利，就要染指阿比西尼亚。”英国著名学者凯士博士，于一九四〇年所著《战祸的原因》一书的结论中，也曾说：“从满洲事变中，墨索里尼学会一课重要的课程。所以西门爵士，不能不对这次战争，负有一部分责任。”其实学会这一课重要的课程，岂止墨索里尼一人而已。第二次世界大战日本诚然是祸首罪魁，又何尝不是由于列强纵容所致的呢？

（七）“不抵抗”的由来

“九一八”之夜，我两次接奉电话命令：“不抵抗，等候交涉。”“不准抵抗……否则你要负一切责任。”这就是事后备受舆论攻击的“不抵抗主义”了。当时荣厅长主张何以下令“不抵抗”？根据二十一年的日记,知道“不抵抗”出自“不与反抗”的“鱼”电，那是二十年九月六日，张司令长官从北平发给荣臻厅长的原电云：

“查现在日方对外交渐趋积极，应付一切，亟宜力求稳慎。对于日人，无论其如何寻事，我方务须万分容忍，不与反抗，免滋事端。希迅即密电各属，切实注意为要。”

当夜事变发生，荣厅长用长途电话向北平报告的是十时三十分钟以前的情况，那时日军只是炮击北大营。沈阳其他各处，都没有变化。张司令长官基于累日日军演习司空见惯一点，仍令遵照“鱼”电指示办理。等到沈阳当局发觉日军大举进攻，再向北平请示，电话线已被日军割断，虽改发无线电，但辗转到达张氏面前，已是十九日上午，日军业经占领沈阳，实已超出“寻事”的范围太大。现在回头想起来，“不与反抗”，系以“寻事”为条件，当不会以“占领”为条件。如果北平当局所得为“全面占领”的情况，究竟是否仍令遵照“鱼”电，应有问题。这就是说“不抵抗”，似由于情况不明及通信不灵而促成的。

迄今我总为“不抵抗”并不是“主义”，更不是中央的“主意”。而在当时沈阳军政负责人员，昧于情势，事前未能提高警觉，来防备敌人的侵袭。临时又未能适应情况，作权宜积极的处置。遂于仓皇失措中以“不抵抗”应付问题，实为一件最大的错误。

（八）“九一八”后果的总结与教训

“九一八”是世界近代史上一个沉痛的日子。民国二十年九月十八日，日本军阀在中国东北的沈阳、永吉（吉林省会）、长春、四平街等地同时发动攻击，第二天占领上述各地。二十一年一月二日，日军占领了东北三省；一月二十八日发动上海事变；三月九日导演伪满洲国。二十二年三月四日，占领热河省。二十五年五月二十四日，导演伪蒙古国。二十六年七月七日，日军发动卢沟桥事变，中国开始长期抗战。三十年十二月八日，日军攻袭珍珠港，引发世界大战。三十四年八月十四日，日本向中、美、英、苏四国无条件投降。日本军阀穷兵黩武，蹂躏东亚，中间经过十四年，终遭惨败。幸我总统保障日本天皇地位，并且以德报怨，打破历史前例，不参加武装占领，不索取任何赔偿，签订中日和约，才得有日本今日之统一与复兴。

“九一八”沈阳北大营的炮声，不但演变为中日战争，而且掀起了第二次世界大战。其结果，日本固然遭受惨败的痛苦，然而也造成战后中国大陆被关入铁幕，整个亚洲之陷于混乱。

（九）东北地位的重要

中国的东北为近代史中，最煊耀，最重要的地方。为这个地方，起了日俄战争，而日俄战争，是第一次世界大战的前奏；为这个地方，起了“九一八”事变，而“九一八”事变，就是第二次世界大战的开始。现在中共与苏俄之军事对抗，可能发生之决战区域，也将在这个地方。

东北对我国关系的重大，地理其一，资源其二，中国失去了东北，即失去了北面国境的控制，失去了东北，即失去了庞大的工业资源，便要永远成为外来势力控制的殖民地，要复兴，也就失去了有力的凭借。东北失去，华北受到直接威胁，由是而中国失去了独立自主的地位。

由于其地位之重要，正是日本要侵占东北，苏俄要夺取东北之原因和目的。日本田中奏折说:“欲征服世界必先征服中国，欲征服中国,必先征服满蒙。”这是日本所认识的东北战略价值。至于苏俄则如帝俄时代的陆军大臣，柯鲁波提金（日俄战时俄军总司令）的回忆录所说:“不论沙皇主义者或共和主义者，都是俄国人，每一个俄国人，都不能离开俄罗斯民族的根本要求。这个根本要求是，俄罗斯为亚洲到欧洲去的后门，要保护这个后门，俄国人必须掌握住俄罗斯民族的天然境界。这个天然境界是从新疆伊犁河到海参崴划一条直线，线内地区，必须由俄罗斯民族占领。”这一观点已为列宁及斯大林所接受，而成为苏俄之国策。这是苏俄所认识的东北战略价值。第二次世界大战苏俄进军东北，就是柯鲁波提金的老路线。

从史实来看，日俄两个侵略者，对我东北之侵占、夺取，有异曲同工的阴谋诡计，给我们国家带来不可言喻的重大灾难。

中国近百年来的祸患,可以说是完全导源于东北。“九一八”事变，如果能够给我们一种教训的话，那应该是使我们更相信东北是中国之生命线。无东北，即无中国。东北的存亡，实和中国的存亡有连带关系。换句话说，这个地方，我们自己不能利用，固然无从强国。若被旁人得去利用，反能使我们亡国。所以我们认为只有独立自主的中国政权在东北建立起来之后，中国才得安全，亚洲始有和平。

八、“西安事变”的经纬

（一）“西安事变”前

“西安事变”是个很复杂的问题，今为说话方便起见，兹分前（前因）、中（经过）、后（后果）三段加以叙述。

张汉卿是民国二十二年年底归国的，他出国的时间虽然不久，仅有一年的时间，但回国之后，思想观念均有所改变，主要的不同是：他认为抗日必须中国统一，而统一中国又必须拥护蒋委员长。所以当时提出“拥护领袖”这个口号，可以说是由张汉卿创起的。其次，关于他回国后的出处问题，在北方军政首脑中，由韩复榘发起，并联合宋哲元、商震等，预备向中央提出要求，仍然请张回华北主持军政。此种密议，由韩复榘邀胡毓坤（东北军军长）代表赴上海，向张报告，但未为张所接受，并经张汉卿分别答复韩、宋、商等人，劝他们不要这样做，此议遂告打消。关于张本人之出路问题，他有一度愿意当军事委员会委员长侍从室主任，因为这个职务，能有机会同委员长接近，在同委员长接近当中，以便增进彼此了解，亦欲借此机会熟悉中央各方面情形。但委员长对张之出处却另有安排，希望他担任豫、鄂、皖三省“剿匪”副总司令之职务（总司令为委员长），实际上是请张代为主持豫、鄂、皖三省“剿匪”事宜外，并付托另一重要特殊任务——负责整训部队。事实上，张本人并不愿意担任此一职务，但既是委员长之意思，又不便推辞，遂于二十三年三月一日就任豫、鄂、皖三省“剿匪”副总司令之职。就职后，原隶属于东北军之五十七、六十七军及一〇五、一〇八、一一一、一二〇等五个师分别调至豫、鄂、皖三省担任“剿共”工作。张当时是三十三岁，年纪很轻，兼之回国之后，身体复原，精力亦非常充沛，总是收不了心，求表现之心殷切，一心一意想在此职位上对国家有所贡献，以挽回过去之声誉，亦以报答委员长知遇之恩。所以在此期间，他很有表现，他是诚心诚意地拥护委员长，也诚心诚意地服从中央；委员长对他也极端地培植，极端地爱护，可以说是彼此精诚相处。

二十四年二月底，豫、鄂、皖三省“剿匪”总司令部撤销，另行设立军事委员会委员长武昌行营。四月一日，张汉卿就任武昌行营主任，钱大钧（慕尹）为参谋长，杨永泰为秘书长。武昌行营管辖的范围，较豫、鄂、皖三省“剿匪”总部稍大，等于继续三省“剿匪”总部未了之事务。张在武汉约住了一年半的时间，与南方党、政、军的各方面接触很多，因为接触多，因此了解亦多，使他深深感觉环境复杂，肆应困难，指挥上并不十分容易。另一方面，在武昌行营成立以后，其时共军已退到四川、贵州一带，事情亦比较清闲，张很想借此机会出洋考察，将来再报效国家，他也曾将此意见向委员长报告，委员长因为还有需要他协助的地方，故未同意，这是二十四年春夏之间的事。

二十四年七月，委员长又征求张汉卿的意见，希望他到西北担任“剿共”任务。张认为西北接近华北，易言之，对抗日接近一步。其次，在西北又可对国家抗日工作多做一分准备。再者，他到西北去之消息传出来之后，其时陕西省政府主席为邵力子，邵托人向张表达其意见，欢迎张到西北去，并保证精诚合作。因为上述种种原因及考虑，故张对委员长派他到西北去的意见，表示勉为其难。张既有此表示，西北“剿匪”总司令部遂于二十四年十月二日宣告成立，由委员长兼总司令，张汉卿副之（代理总司令），钱大钧为参谋长，秘书长为吴家象（辽宁人，北大毕业，曾任辽宁教育厅长）。西北“剿匪”总司令部成立之后，原属东北军的部队，除去五十三军万福麟部的三个师以外，其余的五十一军于学忠、五十七军董英斌、六十七军王以哲及一〇五师，再加上骑兵军第一军（共四个师）何柱国，一共步兵十四个师，全数调往西北，担任“剿共”任务。初期，张很认真也很积极，事实上，张在西北一年多的时间，亦确实做了不少事情，如在平凉大兴土木，建筑医院、工厂，规模都很大；在西安兴办东北大学，修建眷属新村，以上这些建设，并非由中央拨款，完全自筹，这也是属于抗日之一部分工作。但从二十五年初开始，张的态度即逐次转变。转变的原因，主要是受了下述各种影响：

一、受共产党的宣传，张的思想开始动摇了。进而被倾左分子所包围，主要分子为高崇民、苗剑秋、应德田、栗又文、孙铭九诸人。张对共产主义没有认识，对共产党之做法亦缺乏了解，故容易上当。从此张氏对中央之安内攘外政策，有所改变，那就是抗日第一，“剿共”其次或不必要。

二、受人民阵线的人士如王造时、沈钧儒等的影响，彼等讽劝张抗日，而且不应与不抗日的人同流合污，盖暗有所指也。

三、洛川“剿共”期中，一〇九、一一〇师失败，两师长均告阵亡，而事后未获补充，证明外间所传中央采“一弹二鸟政策”并非毫无根据。易言之，中央利用“剿共”机会来消灭“剿共”的部队。一〇九、一一〇师失败后未能及时补充，中央也许有其困难，但张学良受共党之宣传，却深受其影响。

四、受阎锡山影响：蒋委员长五十华诞时（民国二十五年十月三十一日），阎锡山、徐永昌（自山西）、张学良（自西安）等飞抵洛阳为蒋委员长祝寿。有一次张与阎彼此晤谈，张曾暗示：他今天为抗日，准备如何如何痛快地干一番。阎当时很给他鼓励，并表示：在政治上他虽无法与委员长抗衡，但在军事上将不放松，要尽力争取领导权（意谓我们二人可以合作，可以争取军事上的领导权）。阎这番话，使张在直觉上认为，如果他对中央有不利的举动，阎会首先支持他，因为这样符合阎的要求。西安事变前，张受阎的影响可说最大。事发后，张派秘书李金洲代表飞太原见阎时，临上机前告李说：“他（指阎氏）在洛阳和我晚间散步时，曾对我说：'汉卿呀！看委员长态度，咱们不能再说话了，只有咱们自己以后看机会慢慢地做吧。'现在我已做了，看他怎么办？"可见张阎之联合进言及事后密谈，皆为事实也。

五、张总认为有某某等人士，以过去恩怨派系关系，做他的工作，来挑拨他与中央的关系。张曾非正式地一再表示：东北人在"九一八"以后，等于半亡国奴，唯有团结一致，拥护领袖，服从中央，收复失土。中央也不再双线领导，而免有人制造矛盾，利用矛盾，抵消力量。几经沟通、疏解，均不得要领，深感遗憾。或为肇因之端。

六、杨虎城的鼓励：在西安事变前，杨虎城曾向张表示将与之忠诚合作，并从中加以鼓励，西安事变劫持蒋委员长即出于杨的主张。但何以张、杨在短期能如此密切合作？其中穿针引线，从中拉拢的是杨的秘书王炳南（共党人员）及张之参议高崇民（左倾分子，东北人，高内心是反对中央的，且其人做事毫无原则），二人对双方环境及大势所趋，了解得很清楚，因此分别从中联络撮合张、杨之合作。

七、何柱国的关系：毛泽东由陕北至固原（平凉西北）时，曾会见何柱国（骑兵第一军军长），对何大事恭维，在恭维当中，对张更推崇备至，并表示彼此应联合抗日，将来拥张当领袖（毛泽东统战手法亦拿出来了）。这番话经何转报张，张听起来并不讨厌。

八、高福源的影响：高福源是辽宁人，毕业于东北讲武堂五期，原是一〇七师六一九团团长，其人聪明而有才能。其后在洛川作战被俘，高认为俘虏他之共干无法处理他，要求见毛泽东，共党同意送他去见毛主席，他向毛提出两个要求：第一，我是军人被俘，请你立刻杀我；第二，如不杀我，则请你马上放我回去。毛泽东答复得很好："我既不杀你，也不放你回去，我们谈谈如何？"这一谈就谈了一个多月，双方谈得很好。在谈话中宣传："中央不抗日，专门铲除异己，调东北军'剿共'，是使两败俱伤，同归于尽，你们永远不能打回老家去。"并说："共产党对东北军处境极同情，如能联合一致对外，北上抗日，收复东北，是东北军之唯一出路。"迨统战成功，即将高释放。高回来后，变成共军代言人，尽情向军长王以哲反映。王又向张转报。由于高有一套说法，也说得很动听，所以很得张之信任，这可从他被俘归来后即升为一〇五师第一旅旅长（接董彦平之职）得到证明。被俘的团长居然升了官，这也证明张上了他们的圈套。所以，在西安事变期中，高福源横冲直撞，很出风头。高这个人确是个有能力且有才干的人，因此很得王以哲之赏识（曾任王之团长），但高却恩将仇报，杀王以哲者即为高福源，高其后亦因此事为刘多荃所枪毙（刘如不杀高，则何柱国，刘多荃都可能死于高之手）。

九、王以哲的关系：王以哲驻延安时期，共党派博古（秦邦宪）经常同王联络，由秦传达共党的消息及意见，再由王以哲转达张汉卿。

十、民国二十五年四月九日，张汉卿在一二九师师长周福成（时驻延安）之掩护下，在延安会见周恩来，周当然有一套很动听的说法，张很受其影响。

十一、民国二十五年十月、十一月间（即西安事变前夕），委员长曾接到各方面报告，谓西安局势不稳，将有问题发生。委员长虽未怀疑他们会出此下策，但对“剿共”已采取积极措施。十二月初，先后发表蒋鼎文为西北“剿匪”前敌总司令，卫立煌为晋、陕、甘、宁边区“剿匪”总指挥，同时中央军队亦有所调动，对“剿共”采取积极处置。同年十二月七日，并严令张、杨加紧“剿共”。张、杨对委员长“剿共”采取积极态度，感到疑虑不安。而且召开军事会议，未令张、杨参加，更引起他们的猜疑。左倾分子复乘机煽动。

大致由于上述十一项大小的因素，遂激起了惊天动地的西安重大事变。

（二）“西安事变”中

关于“西安事变”中的经过情形，委员长的《西安半月记》写得很清楚、很详细，兹不赘述。在此仅补充不为人所知的两件事：

一、在西安事变刚开始，张曾匆匆成立一个临时小组，参加人员计有何柱国、董英斌等人。此一小组之主要任务是研究交通、通讯之控制以及警备的布置（如委员长住的华清池由一〇五师步兵九个团负责警戒；同时对于中央高级官员如何监视，留在西安之中央机构如何控制，均有周密的准备。关于张之秘密准备情形，是《西安半月记》一书中很少谈到的）。

二、发动西安事变，张决定对委员长实行兵谏，派人请委员长入城，即令骑兵第六师师长白凤翔指挥卫队团长孙铭九，率队出发，往迎委员长。且令白、孙两人："你们两人前去，非有必要，不得使用武器，如不能达成任务，或者委员长身体受到伤害，你们两人我将立时予以枪决处分。"在劫持之中，仍顾虑到委员长之安全也。

谈到这，想起一个故事：张对派谁进华清池劫持委员长，颇费思索，他知道派兵进华清池，必有冲突，有冲突，就会伤人，为避免意外一定得派一有胆识之人去指挥。再三考虑，而令白凤翔担任。白绥远人，沉着有胆力，有经验，当密授白凤翔任务时，白提出问题，他说："我只看过委员长相片，没见过本人，紧急时刻，我辨认不清，怎么办？"张即面报委员长说："骑六师长白凤翔，绥远人，他在那地方很有号召力，有潜力，专长游击战，派他去绥远对日人作游击战，比作师长，对国家贡献要大。"委员长不疑有他，欣然同意了。张又以白动身在即，请委员长召见训示。委员长说："叫他明天来。"次日张亲率白凤翔谒见委员长，当面认识，并熟悉委员长住舍及华清池之房舍道路情况。此亦事变时，另外一章。（白在抗战期间病死）

（三）“西安事变”后

西安事变后，张汉卿觉得自己所作所为大错而特错，痛悔不已。使他忏悔有下面几点理由：

一、委员长伟大人格的感召：西安事变发生后，委员长临危不惧，威武不屈，在那种恶劣环境之下，对于叛逆张、杨，并不假以辞色，且义正词严痛加申斥，这充分表现了中华民族的正气，张汉卿在委员长伟大的人格感召下，终于屈服了。

二、张看了委员长的日记：得悉委员长谋国之忠，对未来抗日计划及准备皆有记载，伤害东北军者亦严斥之，对张培植爱护，时见日记之中，将来战争发生更预定由张担任一路统帅，进而收复东北。张始悔悟盲目抗日，鲁莽行动之错误，遂决心送委员长回京，以赎前愆。

委员长日记：“对日战争一起，预想日军必分遣数路大军向我进犯，故我军应编成数个方面军以应付之，兹预想此种情况，并拟定人选为附表所列：

第一方面军　总司令自兼

第二方面军　总司令张学良

第三方面军　总司令冯玉祥

第四方面军　总司令阎锡山

第五方面军　总司令李宗仁

第六方面军　总司令陈济棠

第七方面军　总司令程潜

总参谋长何应钦　副总参谋长白崇禧”

委员长日记：“某日〇〇〇带郭大鸣来见，提议如何消灭东北军，即严斥之。”

三、西安事变发生后，张汉卿预想有反应的各方均存“观望态度”，如北方之宋哲元、韩复榘；西南的龙云、刘湘；乃至于李宗仁、白崇禧，都是敷衍观望。冯玉祥抱看热闹的心情看事变之发展，连怂恿最力的阎锡山亦未响应，使张大失所望。

四、受国内外舆论的压迫：事变发生后，国内外舆论均不表同情，一致声讨，张良心受到责备。

五、张深深体认也深深感觉到自己的部属无能：事变发生后，杨虎城的部队纪律太差，部属无能，使他认识到：光靠他们的结合来完成抗日救国大业，实属梦想。

六、西安事变发生后，张汉卿张皇失措，问计无人，就求助于周恩来，周于两三天之后，即率同叶剑英、秦邦宪到达西安。据悉共党在获知“西安事变”的消息后，甚表惊讶，曾专为此事召开会议讨论，会中意见大致分成两派：一派主张对蒋不利，以叶剑英为主；一派主张和平解决，以周恩来为主。经过激烈的辩论后，以支持周恩来的意见较多，会中并决议采取下列措施及对策：第一，拥护委员长领导抗日——拥蒋抗日。第二，同东北军、西北军彻底合作，所谓“三位一体”即缘此而来。

第三，暂守延安会见之约言——“合作抗日”（见事变前十条），万一和平解决不成，共党绝不袖手，利害与共，共党武装部队听候张学良之指挥。同时，为预防万一计，共党武装部队纷向三原、耀县一带集中。上述决议由周恩来转达张学良。以上是共党在“西安事变”发生后所采取的几种措施，一方面可以证明事变非由共党发动，而是事后获悉；另一方面，于此事变中，亦可见周恩来地位之重要，如何处理善后，双方均问于周恩来，周成了双方的谋主。

七、阎锡山的问题：“西安事变”发动后，张汉卿曾派李秘书到太原去，在张满以为阎会首先响应（见事变第四条），但阎综合各方面之反应，见各方面采取观望态度，他更观望。次日，阎有电报给张：“来电均诵悉。环读再三，惊痛无似。弟有四个问题，质诸兄等：第一，兄等将何以善其后？第二，兄等此举，增加抗战力量乎？减少抗战力量乎？第三，移内战为对外战争乎？抑移对外战争为内战乎？第四，兄等能保不演成国内极端残杀乎？前在洛阳时，汉兄（指张学良）曾泣涕而道，以为介公有救国之决心。今兄等是否以救国之热心，成为危国之行为乎？记曾劝汉兄云：今日国家危险极矣，不洽之争论，结果与国不利，当徐图商洽。不洽之争论尚且不利国家，今兄等行此断然之行为，增加国人之忧虑，弟为国家、为民族、为兄等，动无限之悲痛。请兄等亮察，善自为之。”张接到阎锡山模棱两可的电报，既气愤又失望。在张认为此事本由阎促成的，而今反要花招，出难题，觉得中了阎的圈套，上了阎的大当，阎且如此，其他可知矣。深有悔恨交加之感。

八、张鉴于“双十二事变”时，杨部纪律废弛，杨为人阴险，对委员长驻新城（杨势力范围），安全上颇有顾虑，为确保委员长安全，乃租定金家巷张之官邸比邻，高桂滋新建之住宅，请委员长移驻该处，但遭委员长拒绝。嗣经端纳顾问说明原由，委员长始同意迁居新址，此为张氏送委员长还京最重要之布置。

九、蒋夫人与宋子文的影响：宋子文与张汉卿多年来相处一直很融洽，而张对蒋夫人一向很敬重，无论是蒋夫人抑或是宋子文，他们就大局设想，向张汉卿所提出之意见，张诚恳乐于接受。

十、第三国际的决策：斯大林不愿中国失去蒋委员长领导抗日，于十二月十四日电令中国共产党：“采取联蒋抗日政策，限十日内释放蒋介石。”

由于上述之原因及理由，使张汉卿幡然觉悟，决心亲自护送委员长回南京，以实践他的诺言——在西安事变当天，张曾在西北“剿匪”总部召集官兵训话并在西安民众大会演讲，有谓：如果我的八项要求得遂，我将亲送委员长回南京。

在开会时，当张汉卿提出此一意见，杨虎城首先表示反对，张在会议席上，严厉指责杨虎城，他说：“我们当初的动机是不顾一切要求蒋公领导抗日，现在我们已经看过蒋公的日记，他有抗日的决心，同时也答应我们所提出的要求。如此我们的目的已经达到，目的既达，我们即不应畏首畏尾，患失怕死。否则，既然如此，又何必当初？”他在会议席上讲这些话，言辞颇为急躁，情绪也颇为激动，几有与杨虎城决裂之势，事后经过周恩来一再转圜，情势方告缓和，由于周恩来从中疏通解围，也可以说，杨终被周说服了，不再坚持己见。由于杨不坚持，张认为事到如今，即不应有所顾虑，亦不能再事拖延，以免再有变化。张既已下定决心，也为了确保委员长之安全起见，遂由委员长住的地方至通往飞机的沿途上，严密部署，即与杨虎城同送委员长至机场。在委员长匆忙召集张、杨训话之后，即在张严密戒备之下，亲自护送委员长飞返南京，等周恩来闻知赶到机场时，飞机已起飞。至此，张终于实现其诺言，而惊天动地的西安重大事变亦于焉圆满收场。

设计委员会（由左倾分子高崇民、杜斌丞、王炳南、应德田、申伯纯、卢广绩等组成），风闻将送蒋委员长回南京，于十二月二十三日下午召开会议，由高崇民主持，在紧张气氛中，讨论主题是，送蒋委员长回京，必须：第一，应该提出什么条件；第二，应有什么具体保证；第三，要阎锡山出来做保证人，及其他激烈的主张。高崇民把大家意见向张学良报告，张听后非常着急，恐怕闹出大乱子，即于二十四日召集昨天参加会议的人员谈话，张首先把近日和宋子文商谈经过与内容，简单地向到会的人员作了说明，并透露很快他自己亲送委员长回南京。接着张很严肃地对到会的人员说：“听说你们昨天开会有一些意见，你们可以向我提，但是我现在警告你们，不许你们在外边随便乱说，尤其不许你们任意胡闹，这是关系国家民族命运的天大的事，做错了一点，我们担不起。”又说：“你们所提的那些意见，我都考虑过，那是行不通的，即或签了字也是无用的，还要什么保证呢？至于提到要阎锡山来作保证人，那更是不可能的，我们是好汉做事好汉当，自己的事自己了，我们已经受了阎锡山的欺骗，不知道他脑子里打的什么算盘，这样的人，我们不同他共事，不让他投机、取巧，找便宜。”随后有人问：“副司令还要亲自送蒋委员长回南京，这是什么意思？”张答：“是的，我打算亲自送委员长回南京，我这一招比你们想得高，你们要知道，这次事变，对委员长是一个很大的打击，我们现在不但要送委员长回京，而且今后仍要拥护他作领袖，所以现在我们不能为难委员长，我们要给他撑面子，为他增强威信。我要亲自送委员长回南京，就是这个意思。总之，做人情要做到家，同人家合作也要合作到底。我在这个问题上，比你们想得深，想得高，你们这些人，都要听我的话，都要受我的领导，不许胡说乱闹。”

张既作此严正表示，大家也就无话可说了，蒋委员长得以顺利地离开西安。

“西安事变”，能有此和平解决，实为蒋委员长伟大人格之胜利，也正因为蒋委员长伟大人格之胜利，而奠定了八年对日抗战的胜利与成功。

九、东北军重行整编

西安事变后，东北军重行整编，调驻河南、河北及苏北各地，归中央直辖。其编组情形如下：

陆军第四十九军　刘多荃辖第一〇五师高鹏云，第一〇九师赵毅。

陆军第五十一军　于学忠辖第一一三师周毓英，第一一四师牟中珩。

陆军第五十三军　万福麟辖第一一六师周福成，第一三〇师朱鸿勋。

陆军第五十七军　缪澄流辖第一一一师常恩多，第一一二师霍守义。

陆军第六十七军　吴克仁辖第一〇七师金奎璧，第一〇八师张文清。

陆军骑兵第一军　何柱国辖骑兵第三师徐梁、第四师王奇峰、第六师白凤翔。

至此，二十年来之“东北军”，成为历史名词矣。

西安事变，我正在南京陆军大学读书，事变结束，在商谈东北军调离西北问题时，大公报张季鸾先生要我写一篇劝勉东北军的文章。我说：我没有这种才能，写不好，也不能写。张先生说：大公报登过你的文章。我说：那有不同。张先生说：你原是东北军将领，而且为“九一八”事变，首当其冲的北大营守军团长，今天为国家，为东北军，有责任，有义务，写一篇劝勉东北军的文章。我说：这样讲，只有勉为其难了，但须由张先生提示纲要，稿成后，请增删修改，我不署名，不露名。张先生说：全照办。遂草拟一篇“勉东北军”文稿送交张季鸾先生。

大公报于二十六年三月二日发表。

勉东北军

民国廿六年三月二日

前隶属西北“剿匪”总部之东北军，除沈克、檀自新两部早直接奉命另就任务外，其余各军师闻将奉调出关，不复入陇。其将领等正拟分批入京请训，第一批数人日前到溪口晤张学良氏，昨已返京谒见当局，吾人兹于东北军务将士行将尽瘁新任务，发扬新生命之时，谨贡数言，以勉其前途焉。

东北军将士与全国多数忠良军人相同，富爱国精神，当牺牲一切以赴国难，此为一般同袍所夙知者，而其于役关陇，心悬东北，既深亡家之痛，更多妻孥之累，其境遇与心理，尤特惹全国之同情，故今当陕局解决，该军出关之日，一般同胞当无不感觉喜慰，愿为该军将士祝福也。

虽然，同胞之间，不容尽作谀辞。吾人熟谙年来西北之事，以为东北各军此次出关，应对国家大局及本身责任，更有新认识，新觉悟，从此真练成精干国军之一部分，以为捍卫国家光复失土之用。一般国民爱惜既殷，故勉责之意亦不能不切也。

吾人愿就两点对东北将士贡献意见。其一：思想上。其二：组织训练上。先论前者，年来东北军思想上之烦闷，论情皆有可谅，实则错误不少。如停止内战之说，易言之，即停止“剿共”之说，自前年来渐弥漫军中，遂对政府发生怨望与怀疑。然其实际上之错误，则忘却政府并非好战，而关键实在共党。试回想自十六年以来，共党否认中华民国，自设苏维埃政府，至少言之，亦意在分据国土，别创社会。况彼常取攻势，凡可援之地无地不入，即到陕甘后，亦依然常希图为战略上之展开。夫此十年来国家之惨淡牺牲，乃共党武装暴动所引起，此种事实，不容不顾。共党近变更态度，闻者滋慰。然假使此种新趋势见于数年之前，则根本上将无西北“剿共”之役矣。盖如三中全会《根绝赤祸决议案》之四项，乃政府一贯方针，国家必然需要。共党几时承认，用兵几时终了，此当然之结论也。且就一般言，反内战者愿望也，情绪也，而军队不能如是主张。任何国家之军队，皆负保卫国家治安之责任，不幸国内有乱，军队当然负责削平。此与对外战争同为神圣任务。倘军队心理反对平内乱，而曰吾愿专任对外。假令多数军队如此，国家本身之组织且不能保矣，遑论对外乎？其次东北军将士，抱有“回老家去”之心理，此为国民最同情之点，然蕴于情感则是，视为行动则非。

何则？譬如普法战后，法国失阿尔萨斯罗伦两省，其人民志切复土，卒得成功。然当法国努力整军待机雪耻之日，不闻该两省产生之法国军人特别鼓噪，甚至劫持主帅。又如欧战以后，德国莱因区域遍驻外军，全国引为奇耻大辱，去年卒得完全恢复其主权。而此十几年间，不闻籍隶莱因之德国军人越权干政，逼迫政府。此无他，现代问题，全为国家与国家之问题，吾辈谋国事，应纯自国民地位论，不得以某省人地位论。东北被占，国家无力致之，全国国民应负卫国复土之责，非只东北籍人民之事。是以愈热望回老家，愈应努力拱卫国家全局。中国大兴，东北必定恢复，倘使国民间、军队间，步调不整齐，认识不一致，则国家永陷无力，可危者，更不止东北矣。吾人所以为此言者，盖仅欲阐明一点，即一切军队必须国军化，而国军本分为守纪律，尽任务，而不干涉国策之施行。然此非谓军人应无条件盲从政府也，军人有意见亦自可贡献政府，于国策中表现，但行动则须绝对纪律化。中国必须使全国军队成为坚固政治之一体，方可为现代化之国家，方可以言国防也。吾人熟闻自去年春夏以来，西安军界思想不健全，感情日激越，遂卒形成“双十二”之变。然吾人平情论事，实不忍责所谓少壮派，而不能不责指导者。如孙铭九辈二月二日之暴举，竟使王军长以哲等主张和平收拾者牺牲生命，其事诚为可痛。然春秋论断，则孙等并无罪，而援以不健全思想者负其咎。吾人本此见地，对于东北军一般将士之纵抱有错误见解者亦绝不责难，其所殷殷属望者，则自今而往务具健全之认识，尽神圣之本分，在全国同胞同情期待之良好空气中安心服务，从此绝不倾耳于一切政客策士之说，不萦心于政治外交之理论辩争，专信任领袖，团结袍泽，以待为祖国牺牲之日。举例言之，如绥远守土将士之态度心理即如是，吾愿东北军亦如是也。第二点关于组织训练上，亦欲一言。东北军自从河北撤退，转戍陕甘以来，从不得休养训练之机会，而编制情形，徒多军师之名，兵员充实，有所缺憾。此次出关后，吾人盼其编制组织更加充实，而集中训练之。即东北军之名义，仅习惯上之称谓，今后望其与其他军队皆完全国军化，凡此种种，深信蒋委员长定有良好之规划。至于东北将士家累众多，生计困难，则另须多方救济。吾以为安插东北流亡，救济东北青年，乃国家一般行政上应行筹划之事，倘一般有办法，则东北军官即可减轻负累，此治本之道也，望政府彻底筹拟之。最后吾人愿寄其同情于一般东北军官，嘉其此次转圜危局，疏导国家安全，亦辟自己出路，同情愿声明国民定信诸将士之爱国，唯叮嘱爱国必以其道。时当孟春，回师中原，试猛忆年来之艰险，追悼陕变之牺牲，定有日感苍茫，不能自已者。从此努力，珍重前途。勿负全国同胞东北父老之殷望，永勿复使同情东北军者，忧虑与痛心，则吾人不胜盼祷者矣。

十、从东北之接收谈到东北之“沦陷”

（一）东北之接收困难重重

抗战胜利后，政府积极准备接收东北。

民国三十四年八月三十一日，国民政府明令将东北三省划为九省，派熊式辉为东北行营主任，驻长春。九月四日，发表熊氏兼任行营政治委员会主任委员，莫德惠等为政治委员；张嘉璈为行营经济委员会主任委员；并任命东北九省省政府主席。十月十二日，熊氏飞抵长春，即行晤见俄军总司令马林诺夫斯基，提出国军在葫芦岛与营口登陆之计划，然数度会谈，均不得要领。先是，苏俄驻华大使彼得罗夫曾通知我国，谓俄军决定于十月上旬开始撤兵，请我国派员在十日前至长春，与苏俄驻东北最高统帅马林诺夫斯基商接防办法，我遂派东北行营主任熊式辉飞往长春，并告以我方决定于十月十日前自九龙运兵往大连登陆。嗣以苏俄大使彼得罗夫不同意我军登陆大连，我乃改变计划，决定国军暂不自大连登陆，而依熊式辉与马林诺夫斯基所商，改由葫芦岛、营口登陆。但此时俄军并未按期撤兵，且处处阻挠我方接收，另一方面又掩护林彪之共军占领东北各据点，国军接收东北之工作遂致困难重重。二十七日，当接收东北主权之国军——第十三与第五十二军——先头部队到达葫芦岛时，即遭岸上之共军射击，我军不得已，乃决定在秦皇岛登陆，循北宁路往东北接防，三十日国军在秦皇岛正式登陆。十一月五日，熊氏接获马林诺夫斯基通知，谓葫芦岛、营口已被共军占据，对国军在营口登陆不能负责。又谓俄军已向北撤退，以后地方情形不负任何责任。并拒绝派联络员偕同我政府人员前往各省市接收，对我编组地方团队，亦不同意。十日，熊氏以东北接收发生困难，遂飞离长春。蒋主席亦以接济困难（因苏俄规定我国空运长春等地部队，仅以宪兵、警察为限），于十五日下令东北行营及接收人员自长春撤退至山海关。十六日，国军占领山海关，继续沿北宁路向东推进，于二十六日进驻锦州。

总计在三十四年上月下旬，国军接收东北之工作，虽因俄军一再延期撤兵而受到干扰，但此时以国军战斗力仍强，虽经数度战斗，国军仍能逐渐推进。

三十五年一至四月这段时间，国军先后占领营口，进驻沈阳，辽宁以南各县及抚顺、本溪等工业区亦已依次克服。六月，国军继续向北推进，先后占领长春、永吉等地，先头部队已抵达松花江，准备向哈尔滨前进，此时东北政治、经济、文化等重要精华区几已全入国军掌握之中。军事上如能照此种进度继续发展，则不难于短期内收复整个东北，但其后却由于马歇尔之来华，使东北形势大为改观。

（二）东北局势之逆转

三十五年六月起，东北局势开始逆转。缘三十四年十二月间，美国特使马歇尔来华，翌年一月，军事三人小组开始会商停战问题，由张群代表政府，周恩来代表中共，马歇尔则居调人地位。六月七日，东北接到三人小组第一次停战命令，军事行动随即停止。在苏俄方面，虽逐步开始履行撤兵诺言，但每当一地撤兵，即将武器移交共军，而中共亦利用停战机会，加速在松花江北岸整理补充，林彪之部队由于上述二项有利的因素，迅速成长，东北之祸根由此种下矣！

在三人小组调停期间，双方战斗时断时续，时间达一年之久。此时国军以有限之兵力，从事于海阔天空广泛无限之东北接收工作，因此，接收的地方愈大，兵力就愈分散；兵力分散，战斗力也随之减低（因国军并无机动兵力），共军看出国军捉襟见肘的弱点，遂不顾一切，猛攻长春、永吉等地，故自三十五年六月起，东北战局开始逆转。

本来，苏俄扶植中共即很有计划，早在苏俄对日宣战之时，即派有两个兵团来远东，其时西战区为右兵团，由马林诺夫斯基统率，以伪满洲国全境为作战范围，其下共有三个军的兵力；东战区为左兵团，由米尼茨克夫率领，以朝鲜及接近伪满边区为作战区域，共有两个军。另派瓦西立夫斯基元帅驻伯力，负责调度上述两兵团之作战。在日本投降后，苏俄立即将关东军在伪满境内之装备、资源、工业设施等全部予以接收，然后转交给共军。表面上，苏俄并未公开反对我们接收东北，但事实上则处处阻挠国军接收工作，借词延拖，迟迟不肯撤兵。其后撤兵期间，亦经数度冲突，其阴谋与目的，显而易见是在掩护林彪，培植中共，使之壮大，使其接收东北，以遂俄人彻底控制东北之最终目的。一方面固然由于苏俄之有计划扶植中共，使之接收东北，但另一方面，中共在东北建立力量，不但积极也很进步，似较国军高明。在国军方面，以有限之兵力，作开疆扩土之胜利接收，却未注意培养地方势力，光靠几个军转战千里，兼之，国军无机动兵力，因而形成每收复一个地方就增加一分负担。我们不但未培养地方武力（接收人员也不是东北地方所欢迎的人），连伪满军队（编制、训练及装备大致与关东军相同，是强有力之作战部队，结果却拱手让人）也未利用，地痞流氓亦无适当之处理方法（上述力量遂被共军所利用）。试观共军则不然，中共每占领一地，不但立即收编地方军，甚至伪军、地痞流氓、游击部队亦一概予以收编，他们把上述几种力量集合起来，无形中增加了作战力量。他们利用游击队来牵制国军，利用地方武力来掩护政治，控制民众。当时中共有所谓上驷——野战军，中驷——游击队，下驷——地方武力之分，而野战军之成长则靠中驷与下驷之掩护，下驷经过训练后亦可成为野战部队。

总之，由于苏俄有计划培植扶养中共，更由于中共适当地利用地方武力，遂使整个形势改观。

检讨初期之东北接收工作，我们最大的失策在于未培养地方武力，对于游击队及伪军亦未作适当之运用。本来，我们接收东北既已决定采取积极政策，并且有了方案，即应根据拟订之方案，选择有利者作积极进行，彻底的掌握。当国军占领永吉、长春，过了松花江之后，即应不顾一切继续向哈尔滨推进，如能占领哈尔滨，并进而占有佳木斯以及中俄边境的据点，则共军虽有苏俄之支持，亦无法壮大。因为将上述据点占领后，中共就失去了生存的空间，无根据地即无法休养生息，更何况中共在东北原来就没有政治基础。如果我们于军事占领之后，更能作政治上之积极争取，则东北之接收理应毫无问题，是则民主政治亦随之而在东北建立，但我们却因接受马歇尔之调停，将此一大好机会轻轻地放过，此种机会一失，永不会再来，言之令人痛惜！

三十五年冬，中共军队逐渐长成，即利用松花江封冻期开始蠢动，攻击永吉、长春，幸而国军此时战斗力仍强，对共军处处反攻，时时给予打击，而德惠之解围，对共军之打击尤大，亦由于德惠之解围，使永吉、长春两个战略据点趋于稳定，稍安一时。

迨至三十六年六月，共军除围困永吉、长春两要点之外，主力打四平，此时守四平的主要是七十一军陈明仁部队，一方面是由于七十一军奋战拼命到底，另一方面是中央及时抽调新六军、九三、五三等军赴援，终于解除四平之围，亦由于解四平之围，遂将共军惯用“阻援打点”的战术予以彻底击破。德惠、四平二战役之胜利，虽然奠定我们一段时期的安定局势，但两次战役的结果，我们的牺牲亦很大，此后有关兵员、武器之补充均感困难，而中共则源源不断接收苏俄转交之武器，逐渐由弱转强，进而与我势均力敌，兵力平衡，最后终至演变彼强我弱的态势，东北局势遂日益恶化。

四平战役后，军事、政治弱点完全暴露。在军事方面，四平战役在军事攻击已超过顶点，此后即由攻势转为守势，国军士气以及战斗力等方面均开始衰退，兼之，沈阳无机动部队，故对外围即无扫荡力量，对外围不扫荡，中共则天天批评宣传，使我们不安于枕，军事弱点即完全暴露无遗。在政治方面，接收人员并非东北地方人士所欢迎者，政治上贪污腐化，扰民害民无所不为，地方既未强化，军政亦形分立，领导分歧，上有东北行营与省政府，互不相为谋，各人有一套做法，有时不但不相为谋，而且互相攻击、互相倾轧，地方之间亦大率如此，遂予中共可乘之机。尤有进者，政治人才不文不武，既不能适应军事上之要求，也不能负起改革地方、收拾人心之责，兼之币制贬值，财政紊乱，军民争利，遂致一发而不可收拾。如果当时采取权宜措施，适当地留用伪满政府原有的人员，如此政治上还能维持暂时的安定，以便继续进行各种建设工作，政治上亦不至于变成毫无功能。在接收东北前，中共力量原不比我强，但许多应做的事情，我们未做，而中共却做了，严格说起来，中共之所以能成功，乃是我们间接帮了忙。易言之，我们失去大陆，不是中共比我们强，比我们厉害，乃是我们太不厉害了。

自四平战役后，国军完全处于劣势，在空间上，由广大的面缩短为线，由线更缩短为点，再由多数的点缩小为少数的点，东北至此处于最不利最危险的状态。三十六年十月，中央为扭转局势，乃决定统一东北军政，人事上亦作大幅度调整，东北行营主任熊式辉、保安司令长官杜聿明同时去职，派参谋总长陈诚兼东北行营主任，以便统一指挥军政。同时，政治战略亦重新部署。中央派参谋总长到东北去，可见对扭转东北劣势颇具决心，当时中央预拟了两个方案：其一是由关内调一有力之部队，以打破东北之僵局，进而争取主动，形成优势，贯彻收复东北之初衷。其二是以现有之兵力维持东北现状，毫不犹豫地断然缩短战线，以沈阳作为基点，掌握辽西、辽南两个走廊。掌握辽西，以便维持葫芦岛之防线；掌握辽南，以便维持营口之防线。暂时采取守势，阻止共军进关，等待关内“剿共”战场胜利以后，再解决东北问题。只要关内问题解决，东北问题便可不解决而自解决了。易言之，先维持原有地盘，然后逐渐生长力量，等待关内局势好转时，再整个解决东北问题。

陈总长到东北后，初步采取第一个方案，虽然陈总长有扭转东北局势之勇气与决心，但问题是关内却无兵可调，后来勉强将四九、五三两个军（前已调东北参加四平会战，四九军之一〇五师及五三军两个师因与东北渊源较深，故抽调前往）的兵力抽调到东北战场，但要解决共军之林彪部队，单靠两个军的兵力似嫌单薄，仍然不够。其次，由于三人小组调停破裂，美援断绝，而中央库存之军事物资亦极有限，陈总长计划由后方补充兵员接济东北之计划遂受阻。而共军方面，供应则源源不断，不虞匮乏。在装备方面，苏俄将接收日本关东军之物资悉数交给中共。在兵员方面，中共利用清算斗争、强迫参军等方式，将东北广大农村之人力（青年壮丁）全数囊括。无论在兵员及装备等方面，共军是有求必应，我们则是捉襟见肘。由于上述原因，原定第一个方案无法贯彻实施，不得已只好采取折中办法，一面维持现状，一面以沈阳、锦州作为基地，由关内运补兵员、武器、装备等，将部队的原有力量恢复起来，另一方面培植新生力量，等待兵力雄厚有把握时，再发动攻势。终陈总长兼任东北行营主任任内，大致是实施此一折中方案。即使实施第二个方案，也是困难重重。兵役办理不善，兵员补充不易；勉强驱使长江以南的子弟远征塞外，在冰天雪地中，既不耐寒冷，也不服水土；机械化部队亦无法发挥应有的战力，何能与慓悍耐战的共兵战斗！在此对比之下，胜败已可预卜，盖无论在天时、地利、人和三方面，我均不如中共也。

三十六年冬，总统曾有撤兵长春、沈阳之计划，陈总长也同意了。

三十七年二月，陈诚去职（陈于五日离沈阳），由卫立煌继任。东北行营亦于此时改组为东北“剿匪”总司令部，由卫立煌担任总司令，卫反对放弃沈阳，不主撤退，极力主张维持现状，不采取任何行动，理由是：第一，国军机械化部队众多，北宁路易守难攻，今正值雪水融化，大军进展困难。第二，沈阳工事坚强，长期固守无虞。第三，沈阳兵工厂生产力强，弃之可惜。第四，放弃沈阳，影响国际视听及人心士气。由于卫坚决不主张放弃沈阳，故陈提之案，无形中搁置，形成此后长期固守的局面。在此时期，防守永吉是第六十军（云南部队，军长曾泽生），守长春者为新七军（军长李鸿，曾到台湾。属孙立人部队，由新一军扩编而成）。

三十七年四月初旬，中央为解决长春问题，发表郑洞国（原为第八军军长，其后调印度作战，为适应需要，成立新一军及新六军，郑以驻印指挥官之名义，指挥此二军，后来当东北保安司令部副长官）为吉林省主席兼第一兵团司令官，指挥第六十军及新七军。四月十日，永吉部队无法再守，遂出共军之不意，突围而出，撤至长春，撤退虽很成功，但长春、沈阳（相距五百华里）两据点却形成孤立，不能互相呼应，就战略言，此次撤退意义不大。八月初，长春机场亦为共军所控制，沈阳与长春间之空中交通遂告中断，第六十军及新七军之粮弹补给均仰赖空投，而空投三天不够一天之用；共军则封锁四乡之粮秣，并驱使饥民入城，以增加消耗，如此，粮食更形缺乏，军民均在饥饿线上挣扎。由于供应困难，加上共军有计划驱使饥民入城，遂使物价暴涨，经济崩溃。同时，共军更发动政治攻势，挑拨第六十军与新七军之感情，暗中送粮与第六十军，使之互相猜疑，瓦解第六十军之战斗力。十月十四日，锦州失陷，守锦州之第九十三军（军长卢濬泉，属云南部队。卢濬泉之第九十三军及曾泽生之第六十军先由孙渡节制，后均归东北“剿匪”总司令部锦州指挥所主任范汉杰指挥，范于锦州失守时亦被俘）伤亡殆尽；十月十五日，共军策反成功，曾泽生之第六十军在长春叛变投降；十月十八日，新七军亦相继投降，守长春之指挥官郑洞国被俘。长春之失守，影响颇大，第一，为守长春，牺牲了两个军，影响人心士气太大。第二，自永吉撤退后，所剩锦州、长春、沈阳三大据点已失其二，因而牵动整个东北战局，自此以后，沈阳应否撤至营口，以营口作为防线，又锦州应否撤至葫芦岛，以葫芦岛作为防线等等问题，军事当局均颇费思考，而此等问题，均由长春之失守所引起者。

综上所述，东北之“沦陷”又实以锦州之失为其主要关键，因站在防守之战略上，锦州地理位置（北至热河，西至关内）较沈阳为优越也（如采攻势，则又当别论）。

先是，三十七年八月底，林彪指挥之十二个纵队（均为关东军装备，战斗力强，约等于十二个军，地方部队尚不计其内），除留第十二纵队及三个独立师监视及围攻长春外（战斗力较弱之第十一纵队则留在辽东及辽南），其余之主力部队均开往辽西——经由四平至黑山、北镇一带，从各方面之情报，均可看出共军之企图，不是攻沈阳而是攻锦州。当时卫立煌之判断是共军攻沈阳，我则认为共军攻锦州。其时我因担任辽宁省主席，以地方官吏未便对此表示意见，但开会时，国防部主管作战的罗厅长、李处长一再要我发表意见，因此我道出共军攻锦州之判断。我所持的理由很简单：第一，如攻沈阳，则将来仍攻锦州；攻锦州则可一举两得，沈阳问题不解决而解决（因攻下锦州，沈阳战线即被切断也）。第二，八月底，沈阳以南至营口、大连线上无共军，又长春、四平至沈阳路上亦无共军踪影。何以卫立煌主观判断共军攻沈阳？理由也很简单，因为他留恋权位，不愿放弃沈阳。九月五日左右，共军攻锦州的形势更趋明朗化，国防部与东北“剿匪”总部亦有情报。此时，我站在国家立场，也为东北整个军事着想，不得不向卫立煌作口头报告，特别强调共军攻锦州之判断，卫立煌甚不以为然，我一气之下，遂暗中给总统去了一个电报：第一，我判断共军攻锦州，理由是长春至沈阳，沈阳至大连均无共军，林彪之主力部队集中黑山、北镇一带。第二，借此机会，长春两个军突围，由沈阳部队至四平接应，以保全新七军及第六十军之实力，此时长春至沈阳无共军，此案可以办得到。如林彪部出而攻击，我军亦可借此一决胜负，此机会一失，长春的两个军即无可挽救。如此，亦可拖延时间，以解锦州之围。总统接到我的电报以后，给卫立煌去了一个电报，谓王某人有此意见，要卫“参考实施”。卫接总统电报后，来找我，卫说：在战略的观点上，你的计划不错，但我们的问题甚多。他并反诘我：如接应长春的部队突围时，遇辽西共军攻击沈阳又应如何？我说：沈阳部队可以反击，我方以逸待劳，何惧之有？如共军不攻击沈阳，则可照我们的计划救出长春的两个军，予共军以极大之威胁。上述意见，卫之幕僚人员亦颇有同意者，但卫仍坚持己见，并因此对我有所怀恨。我判断共军攻击锦州，虽非有先见之明，但其后却不幸而言中。如果当时照我的意见救出长春两军（长春至沈阳是二百六十公里，五百华里，在无共军的情况下，九月初即开始突围，乃轻而易举之事），则东北的局面又当不同。

永吉、四平失陷后，林彪部队一面经由四平向彰武、新立屯、黑山、北镇、义县等地经营，一面派部队围困沈阳、锦州，并作攻锦州之准备（诸如道路之修补，中长、北宁路之破坏，均积极进行）。八月底，共军布置完成，九月十二日开始攻义县（位于锦州正面的一百华里），十三日攻下义县。二十四日开始攻锦州，若锦州一失，东北必注定失败之命运，并进而影响华北、华中、华南之“剿共”战局。对此，总统认识、了解最为清楚，故九月二十四日共军开始攻锦州，总统当日即在南京召见卫立煌，面授机宜，命卫在沈阳留少数部队，所有主力部队于九月三十日以前在新民集中，随即前进攻击，十月十日以前占领新立屯、黑山以西地区。卫接命令后，似有所怀疑，未立即行动，故总统于九月二十六日又派参谋总长顾祝同随同卫立煌飞沈阳，意在监督卫确实执行此一任务。顾、卫当天晚间飞抵沈阳。本来，沈阳至新民仅六十公里，九月三十日以前集中新民，当无问题，但卫仍耍花枪，一方面发动地方人士请愿，要求驻军不要撤离沈阳。地方士绅前来见我，提出要求，我对他们说：“你们不要管这一套，他胡扯！”另一方面，卫又召集军长以上开会，顾总长亦出席，当时提出四案：第一案，遵照总统指示，沈阳仅留少数部队，全力解锦州之围。第二案，将沈阳之部队转移营口用船运至葫芦岛，再由此登陆，以解锦州之围，军长以上均有此主张。第三案，沈阳部队仍驻原地不动，利用既有之防御工事，等待敌人来攻，以牵制共军之主力，这是卫立煌的方案。第四案，仍守沈阳，仅以其中一部分兵力（或以三分之二的兵力）集中新民，攻击彰武、新立屯，间接解锦州之围（即截断林彪部从彰武至后方之联络线）。第四案是在上述三案僵持不下而提出者，为折中方案，亦为失败方案，而最后竟实行此一不彻底之案。十月一日，总统见卫立煌拖延时间，仍未行动，又由南京飞至北平视察。此时，卫方感事态严重，不能再事拖延，故于离开沈阳赴北平之前，匆匆下令部队至新民集中（卫规定二日以前集中新民，四日开始向彰武攻击），预备见总统时有所交待。事实上，卫此举仅系应付，四日仍未向彰武攻击，直至八日方于新民集中，九日进攻彰武，十一日占领（按照总统之命令，十日以前应占领新立屯、黑山。卫于十一日方占领彰武，与原定计划颇有距离。据我个人之判断，如能于十日以前到达黑山，林彪不敢来的），自此即停滞不前，又伏下一大败笔。按中央之决策，为解锦州之围，原设有东西兵团，西进兵团由沈阳出发，归第九兵团廖耀湘指挥，辖新一、三、六军及第四十九、第七十一军，共五军十二师；东进兵团（即锦葫兵团），初由第五十四军阙汉骞指挥，后归侯镜如节制，辖第五十四及第六十二（军长张瑞贵）两个军。原计划东西夹击、以解锦州之围。此一计划本大有作为，以如此大的兵力，解锦州之围，自属易事。但西进兵团至彰武后，停留不动，变成间接接应锦州，致东进兵团虽有小胜（林彪部以具有战斗力之四、六纵队驻高桥防守，我军始终未攻下高桥），亦无补于事。因此，予林彪部以可乘之机，九月二十四日攻锦州，至十月十四日即将锦州攻陷，第九十三及新八军损失惨重，伤亡殆尽。

锦州失陷后，总统认为事态严重，关系重大，因为锦州一失，不仅东北命运解决了，华北也完了，甚至影响全盘“剿共”战略。因此，十四日锦州失陷，十五日总统即至沈阳，仍命东西两兵团继续前进，夹击锦州之共军，歼灭林彪的部队，收复锦州。十六日，总统到葫芦岛，另由关外抽调第九十二（侯镜如兼军长）、第三十五（傅作义部队）两个军前来增援。十八日，总统又到沈阳，在飞机场再度指示卫立煌：不顾一切，收复锦州。总统仆仆风尘，为收复锦州而奔劳，照理卫立煌应受感动，但他仍旧留恋沈阳，不愿放弃权位，故并不积极。二十日，总统又在北平召见卫立煌、杜聿明，面授机宜，仍旧命令东西兵团排除万难收复锦州，此可见最高决策既极正确，最高统帅苦心孤诣，仆仆风尘，亦具决心，所有官兵亦应深受感动，如果当中指挥不发生错误，则收复锦州，不应成为问题。虽然总统一再催促，但部队行动仍旧迟缓，主要原因是卫立煌有私心，不积极。由于我军行动停滞不前，故予林彪部充分之准备时间，十四日攻下锦州之后，十六日即开始反击西进兵团，鏖战数日，我方阵势大乱，二十五日，廖耀湘指挥的五个军完全失败，廖本人被俘，新一军军长潘焕昆、新三军军长龙天武只身突围，逃返沈阳，官兵伤亡惨重，西进兵团五个军（共十二个师）至此等于被消灭。林彪部于扑灭西进兵团后，回过头来攻打东进兵团，东进兵团当然无法招架，最后当然失败。而总统收复锦州之决心及希望顿成泡影。

廖耀湘兵团被扑灭后，卫仍存幻想，仍欲将守营口刘玉章之五十二军调回增强沈阳之防务，但第五十二军之先头部队第二十五师至海城时，未能通过，只得折返营口，海运葫芦岛（其后刘玉章之第五十二军得以完整撤退至上海，亦缘于此）。至此，卫立煌固守沈阳之信念已失。此时孤守沈阳之部队仅剩周福成之第五十三军、戴朴之第二〇七师、暂编第五十三师（属新一军）、东北地方部队四个总队（约等于四个旅）。十月二十八日，林彪部开始围攻沈阳；二十九日，第五十三军守铁岭（距沈阳北一百二十华里）的一个团投降；三十日，第五十三军内部动摇，王理寰之第一三〇师投降；同日下午，高级军政人员奉令转移葫芦岛；三十一日上午，沈阳撤守。东北整个变色，林彪部遂由华北而华中而华南，终至占据大陆。至今思之，不胜感慨！

总计三十四年十月十六日，杜聿明率第十三及第五十二军由山海关进占锦州，开始接收东北；三十七年十月三十日，杜聿明又以东北“剿匪”副总司令身份，驻葫芦岛主持撤退事宜。最初怎么来的，最后亦怎么走的，亦一巧合也。

（三）东北丧失之检讨

一、外交上：东北之失，雅尔塔密约实早已种下祸根，盖自雅尔塔协定后，苏俄势力伸入东北，遂实行其国际阴谋，扶植中共。中东铁路亦为中苏共管，东北遂毫无独立自主权之可言。

二、内政上：昧于世界大势，盲目缩小省区，改编建制，拒绝收编伪满军队，造成混乱局面，予中共以可乘之机。

三、政治上：由于内政之混乱，故一切政治设施未能配合军事。

四、中央对东北之重要性既不了解，对地方实际情形也不清楚。高级行政人员安排既不妥善，亦不为地方所欢迎，因此形成事权不统一，精神意志、做法亦不统一。

五、军民分治：军事不能控制战场，政治不能配合军事，形成政治军事脱节，不能彼此掩护。

六、军事上：受抗战之影响，陈陈相因，既不研究也不改进，处处以抗战之战略、战术对付共军，以致形成处处受制于人。

七、东北未划分军区，因此在总体战之下，一切均无计划，打到哪里算到哪里，退到哪里守到哪里，以致形成进退失据。

八、胜利冲昏了头脑，一切自以为是，政治上、军事上均不研究、不检讨、也不求进步，一切敷衍了事，言会议则会而不议，议而不决，决而不行，言人事、经理等问题则均在“等因奉此”中转圈子，何能应付共军?!

九、由于人事之不平，形成党政军不能协调合作，彼此倾轧攻击。

十、最高统帅于三十七年春夏间，迭经指示东北“剿”总，考虑将东北兵力转用于关内各战场之准备及实施之时机。卫立煌恋于个人之权位，未能贯彻最高统帅之意图，犹疑不决，行动迟缓，指挥无方，招致失败，使国家数十万大军，断送于一旦。

十一、欧美旅行中的观感

我在一九六二年五月二十五日，离开台北经日本赴美国，于一九六三年五月二十三日，又从美国经日本返回台北。其间除由美国转往英、法、意、西德，奥地利、瑞士、荷兰、比利时、卢森堡、爱尔兰等十个国家旅行一月外，全住在美国。这一年中，对于欧美各国一般情形，随时观察研究，并曾获得若干结论，函报国内长官友好，以供参考。现在就记忆所及，一述欧美旅行中的观感。不过了解不多，自难免有肤浅与主观之感。

（一）美国富强之道

美国建国，尚不到两百年，而有今日之富强，并称雄世界，为自由世界的领导国家，推其原故，当不外下列几项：

一、美国自建国以来，其政府始终遵守宪章，根据独立宣言，未走样、未变质地领导人民，并追随人民，向民有、民治、民享之远大目标前进。

二、美国人民受独立宣言的昭示“一切人生而平等”，具有“生活、自由、追求幸福”的“不可分割的权利”，信守不渝，而成为人生观。既有其生命的意义，复有其生活的目的。所以这个国家，永远前进，永久年青。

三、教育普及，新闻事业发达，教育和新闻，已为人民生活、思想的寄托，而对其学术、思想及自由、独立、创造、进取的精神，更发生了启发作用。

尤以第二次世界大战以后，世界各国认为美国教育制度，教学设备，与欧美其他各国比较，可称为最重要之武器。因之，世界各国优秀青年及专家学者，多被美国学府所吸收，由于集体智慧的成果，原子核子上许多发明及连带而来的科学创造，均逐渐发现。长此以往，将更有惊人的成就。

四、“法律之下，人人平等”，绝无例外，更无“特殊”，因之，人人守法，事事依法。本来美国法令很繁，捐税更重，正以其人人平等，才不以繁法重税为苛扰，也正因其人人平等，法律更具神圣尊严性，其国家因此得以长治久安。

五、美国人民为愈求生活美好，愈求个人自由，因之，工作愈趋积极，进取心愈行提高。我们看到美国人时时在求“变”，时时在求“研究发展”，其基本动力，实自求“生活美好”一点出发。这也是孙中山先生“民生史观”的现代例证：“民生为历史重心。”美国人实为这一伟大主义的实行者。

六、美国一切事业，全是合法而公平的竞赛。谁肯努力，谁能进步，谁就得到好的生活享受和事业前途。唯有不肯进取，不能吃苦，因而失业，被政府救济的人，才是所谓“特权”、“特惠”阶级。

七、美国各阶层上下之间，只有“职位的分工”，并无“身份的区别”，人与人之间，也就唯有一列面孔，如公司经理与工人，机关首长和职员，“职位”虽然不同，生活情形，十分接近。其上下“雇佣”的关系，是建立在工作之中，而不是存在于身份之间。因此各阶层很少不公平之鸣，所表现的全是冒险进取精神。

八、美国虽有贫富之分，但在物质享受上，并无多大差别，其衣、食、住、行及日用品之类，已达到标准化，富人所享有的，一般人也同样可以得到，贫富在物质享受上既不太悬殊，社会自然繁荣安定。有人说，美国人满意现实生活，是他们反共的最大力量，实有其道理。

总之，美国有很多缺点，然而如仍循着此等方向继续努力，将更进步，更强大，而更能弘扬于世界。

美国富强之道，世人如认为有可借镜之处，那就是立国于今日世界，必须具有足以自卫、自活的伟大力量，此为第一问题，亦为唯一问题。世界上可悲之事，莫过于弱与穷，弱而穷焉，终不能扬眉而吐气。

（二）美国朝野对共党的看法、想法和我们的努力

国际人士对共党的看法，不是盲目偏见，就是估计错误，以致所获理论，多与事实脱节。自共党“人民公社”、“三面红旗”、“大跃进”，所引起之工农业破产，遂揭开了危机的真相，迨“难民潮”发生以后，更暴露了统治的失败。欧美人士尤其舆论界，始承认共党所遭遇的困难，已达到崩溃边缘，过去以为共党在大陆之政权，是无法推翻的既成事实，“现在则不再认为共党政权瓦解与大陆人民起义的可能性”，是无稽之谈了。

这种认识，确是一重大的转变。不过这种转变，尚未在美国国家实际政策上发生明显的反映。美国朝野仍隐然有他们自以为是的几种想法：

一、幻想姑息主义——幻想“匪”俄可能由“分歧”而“分裂”，对共党尚有“争取”的机会。并以为共党在目前内外困境之下，须急图自保，或因此减少亚洲纠纷及缓和西方局势，而希望在柏林问题上，有些好处。

二、坐待观望想法——认为由于大陆粮荒，人民会起来革命，自行推翻共党政权，不必使用外在力量，意即不主张国军反攻大陆。

三、防线阻遏政策——维持现状，将台海局势停滞于不动

状态中，共党不侵犯金马，国军不反攻大陆，仍维持所谓“台海不使用武力原则”。

四、“两个中国”计划——美国国会两院少数议员及甘乃迪总统的智囊人物，截至目前（一九六三年三月）尚未放松其反对“两个中国”计划。

五、五角大厦意见——美国国防首脑部认定共党将是美国安全的主要威胁，希望共党政权垮台，故原则上，同意国军反攻大陆。惟如何反攻？亦有其不同的意见。

总观美国人士的想法，仍是离不开消极的阻遏侵略，以维现状的老套。不过美国对华政策，并非一成不变，要看大陆情势下一步演变如何。假如大陆动乱频仍，乃至共军发生叛变，或出现大规模的暴动，定会促进美国的看法和想法。因此我们全“国”上下，似应更进一步，从事“求其在我”的努力：

一、把握现在有利形势，打破现状，造成事实，以取得更有利的形势，促使美国对共党有进一步的新观念、新做法和新行动。

二、美国重视现实，应向其解释清楚，拯救大陆人民及光复国土，是中国的神圣责任和一致的要求。且共党政权崩溃，不仅美国在太平洋方面威胁消除，而亚洲问题，亦可得到解决，还有益于世界之安全与和平。我们必须以时间和事实，来影响美国，以改变其消极的阻遏政策。

三、摧毁共党侵略根源的战争，实有赖于美国的领导。“中”美两国有深厚的传统友谊，尤其在当前世界局势中，“中”美更有不可分的利害关系。要在互相容忍谅解原则下，团结合作，以求得一致之步骤，为自由世界共同利益而奋斗。

四、共党鉴于内外形势的不利，在外交方面，可能玩弄更多花样。我们必须坚决认定美国为中国患难盟邦，始终笃守不渝。今后一切言行，凡属有利于共党的，我们绝对不说不做。

（三）欧美各国朝野的态度

一、各国对付共党侵略的做法——自由世界各国，希望共产政权垮台，可谓人同此心，心同此理，毫无可疑。他们从事反共一切工作，已不是应否办理的问题，而是如何办理的问题。换言之，时代的要求，已超过原则论，而应为细目之决定，已不仅抽象论，而需要具体的办法。尤其在军事、经济方面，已成为一系列的在推行。实以一切问题，既已进入细目的具体的阶段，则其势不能求急效，更不容万端齐举，陷于自相矛盾，相克相消，或人自为战，虚耗精力之弊害，必须提纲挈领，分其缓急先后，以求更深切，更实质的效率。如此做法，在美国更容易看得出。

二、各国人民与政府的关系——人民信仰政府，其主要因素之一，在于政府的说法和做法一致。政府从没有说是一套，而做又是一套，到后来，竟然形成说即代表做，好像说了就是做了一样的毛病。因而其人民既无投机取巧，也无须自作聪明，更无所用其疑问争辩。只抱着实干、苦干、硬干的精神，向国家目标，忠诚地前进。这种表现，德国人较为明显。

三、各国在野的言论态度——在野的言论者，对政府一切措施，向无批评得有百非而无一是的态度，总是就事论事，有好说好，有坏说坏，而且好坏都有根据。在字里行间，充溢着希望政府中人，信吾之言，乐吾之言，以期政治中心力量，有所奋发，有所进步。深合中国古语："使人君畏吾之言，不如使人君信吾之言，使人君信吾之言，不如使人君乐吾之言"之道。信则不疑，乐则奋发。而英国人尤深得其奥妙。

（四）综合东西两集团一般情势

一、美国总以为俄国可怕，其实苏俄是否有力量"埋葬美国"，赫鲁晓夫自己最为清楚。假若苏俄力量已追上乃至超过了美国，赫魔便无须采取笑脸攻势与虚声恫吓的手段，在我们看来，今世各国政治领袖，只有赫鲁晓夫最怕打仗，因为战争一起，不问结局如何，苏俄首先内部不稳，附庸叛离，赫魔先自垮台。正以其自己怕打仗，而反以要打仗来恐吓旁人。

二、赫鲁晓夫正运用民主国家的弱点，展开笑脸攻势，在古巴让步，对柏林缓和，对铁托安抚，对印度、埃及亲善，对东欧附庸各国加强控制，对北越、北韩及寮共施以压力，以孤立毛泽东。相机再对毛泽东施行经济、外交、武器压迫和内部颠覆，进而将以边疆少数民族暴动，以予毛泽东更严重的打击，绝不容许其搞第五国际。

三、中国大陆之土地、人民、资源以及战略地位，均为苏俄征服世界的有力资本。毛泽东固可恃以为对苏俄之要挟条件，然绝不敢亦无此本质，运用大陆人民内心反俄的爱国情操和民族主义，来反抗苏俄之奴役。因此，苏俄如不改变其征服世界的政策，毛泽东不放弃共产主义，则毛泽东无法脱离与苏俄之思想和政治的主奴关系。

四、民主国家人民一般心理，因厌恶共产主义，都希望共产政权垮台，但怕打仗。期以经济繁荣，增长国力，对付共产主义，拖倒共产政权，而无彻底摧毁共产集团的决心。

五、民主国家受赫鲁晓夫伪装和平的麻醉，认为赫魔是“和平共存”者，毛泽东则为“战争主义”者，尤以美国人认为毛泽东侵略野心，比苏俄还大，比苏俄还危险，竟有人主张“联俄制毛”，或希望毛、俄分裂，以求世局之冷和，在冷和中作和平竞争，使共产政权变质。只顾天真的幻想，而忽略了共产集团“埋葬”民主国家，征服整个世界目标，并未改变。

六、摧毁共产暴政根源之战争，需要民主国家有共同之认识，一致之目标，尤赖于美国有崇高的理想，积极的政策，为之领导。其胜利和成功的关键，一在把握时间，一在加强团结。而迅速团结，又为间接掌握全局，直接掌握时间的重要因素。

民主国家如以为共产集团内部既有矛盾、冲突，东西对立形势稍可缓和，仍是本位性、个别性，大于整体性，各行其是，陶醉于“和平共存”，坐失根除共产祸源的机会，必将贻患无穷。

七、共产国家之执政者，多属所谓“职业政治家”，虽少学识，但富经验，老辣诡诈，处理事务，常居主动。民主国家之政治领袖，则多为所谓“业余政治家”，纵有才智，而少历练，在职学习，终觉生疏，对国际问题，每处被动。是以高瞻远瞩之伟大政治家，实为民主集团极端需要，和急需培养的。

总之，世界趋势，共产制度，已日近毁灭之途。我们反攻复国，事虽艰巨，然毛泽东心腹之患，仍为台湾，如吾全“国”上下，更加努力，更有作为，则反攻必得胜利，建国必能成功。惟国人亦应时时自省，惟自省而后能自责，惟自责而后能自救。更应时时与他人比较，惟比较而后知优劣，惟知优劣而后始能勇猛精进。盱衡世局，默察各国政治领袖之识见才能，益感我“总统”之英明伟大。吾全“国”人民必须以心愿、智慧维护之，增强之，乃又为我们反攻复国之前提条件也。

十二、答问

先生追述生平，至此暂告一段落，共已谈话十四次，每次谈话中，由访问人员就口述各时期中，未及详谈之特殊问题，提请先生补充说明或发表评论，兹将历次谈话所提出之问题，按其先后次序，列诸卷后，以供参考。

（一）铁汉先生如何与丁文江先生订交，可否一道其详？

我幼年天赋的记忆力较强，认识丁文江先生亦与此有关。谈到记忆力，在此我不妨补充一个有趣的插曲：缘民国十三年九月第二次直奉战争期间，时丁文江先生兼任热河省北票煤矿总经理（因战争关系，被留公司内），东北军第二十五旅第五十四团第五连，即驻在其公司内。当我由该旅第八团排长升任任第五连连长时，曾举行简单的交接仪式，首由旧连长将该连一百零五人（伙夫尚不计算在内）集合，连同点名册交我。我将点名册翻阅一过合上，即将一百零五人逐一点出。时丁先生在屋内隔窗观看，觉得很奇怪。当晚丁先生特来找我，他自我介绍一番之后，说："今天我看你在交接中，将点名册翻一翻即合起，就能毫无遗漏地将全连一百多个人的名字叫出来，你的道理在哪里呢？"我回答说："道理很简单，我看点名册，每个每个我都用心看，不是一过目就算了，因为用心看，所以就能叫出来。"丁文江先生说："我从前很自负，有一次我到苏俄出席一个地质学会，其中有位苏俄地质学权威对我的记忆力就感到很惊奇，今天可以将他的话用在你的身上了。"我说："我这个没有什么，因为我年轻（那时我才十九岁），不足为奇，当然不敢同丁先生比。"自此以后，丁先生对我印象很深。第二次直奉战后，丁先生经常往来于北平沈阳间，但不管到哪里，一定拉着我。并为我代办转中国大学读书手续，预备送我去德国读书，虽以职务关系，未得实现，而盛情可感。丁先生于十五年夏辞去上海总办（市长），仍回北平教书，经我介绍对张学良颇多了解，迨"九一八"事变后，在《独立评论》发表一篇《假如我是张学良》的策勉文章，或由此而来。丁先生长我十九岁，本应待以师礼，而仍以亦师亦友忘年之交，相处十年。也由丁先生的关系，得识胡适、翁文灏、傅斯年、蒋廷黻、张季鸾、吴景超诸位先生，增长识见，受益匪浅矣。

（二）对于张老将的批评，人言人殊，毁誉不一，铁汉先生的观感如何？

张老将崛起于草莽，识字不多，而精明强干，有行政天才，知人善任，敢用人，肯信人，能容人，尤无地域观念，如秘书长郑谦江苏人，李景林、姜登选河北人，张宗昌、褚玉璞山东人，海军司令沈鸿烈、军长、参谋长戢翼翘，湖北人，其他军、师、旅长、参谋长，何柱国广西人，杨正治湖南人，黄师岳安徽人，冯秉权广东人，蒋斌、陈琛、萧其煊、福建人，周亚卫浙江人。处于日、俄两敌国交迫之中，未曾订过丧权辱国条约。在国家混乱的政局中，而创出二分天下有其半的局面，岂偶然哉。

兹将张老将所执行几项重要事件及各方对张老将之评论分别予以介绍：

粉碎日本满蒙分离运动

东北逼处于日俄两大强邻胁迫之间，日俄战后，复划分南北满界线及内蒙古势力范围，外交因应，谈何容易，张氏主持东北军政十余年，在北京政府鞭长莫及之际，周旋应付，不亢不卑，终其一生，未曾有向日俄缔结任何丧权辱国之密约。尤其是日本欲其出卖国家，若日韩合并论中，宋秉竣、李容九之所为者，则非张氏所能忍受。此日本满蒙分离运动之所以失败也。

搜查苏俄大使馆消弭“赤祸”阴谋

张查知苏俄大使馆收容中国共产党图谋扰乱治安，即于十六年四月六日密令北京武装警察会同宪兵，得使团同意，进入北京东交民巷使馆区，将苏俄大使馆包围，搜索附属之远东银行及中东铁路办事处，拘捕中、俄共产党员李大钊等六十余人，检出苏俄赤化中国的重要文件几十箱，并在大使馆武官室搜出苏俄军事专家及密探之中国军事报告全部（同时搜查东三省及天津俄国总领事馆，亦获有苏俄阴谋文件）。苏俄大使曾即访顾维钧抗议，顾托词未接见。七日苏俄大使向顾抗议，称：军警入使馆房屋，事属非常，违反国际公例，侵犯使馆尊严。顾维钧同时向俄大使抗议，谓：收容中国共产党，谋紊乱治安，为国际公法所不许，且违反《中俄协定》。当即成立特别法庭，采证据主义，审判由俄使馆拘捕之共产党员，于六月二十八日经审判长何丰林宣判：李大钊、路友于等二十人死刑。舒启昌等四人各处徒刑十二年，李云贵等六人各处徒刑二年。俄人奥钮夫等十九人送京师高等检查处另行审判。这一惊动中外之搜查苏俄大使馆事件，就这样告一段落。

保存故宫文物

在北方政局动乱之中，张对于故宫文物，竭力保存，其个人既未豪夺，更未巧取，此虽属当然之事，但衡之北京政府首脑人物中，有此光明磊落之行径者，尚不多见。

拒绝日人诱胁分裂中国

十七年二月日人乘张氏兵败，继续提出所谓“满蒙五路建筑权”要求，终为张氏坚决拒绝。迨“五三”济南惨案发生，日人以为大有利于张氏，对张不无德色。而张凛于阋墙御侮之旨，反变计以大局为重，于五月九日通电息兵，以免为外患所乘，陷国家于危亡之域。日人之阴谋诡计，又未得售。可是，日本还希冀张氏幡然改图，是以在张出关的前一日（六月二日），其芳泽公使，犹携译员进谒，鼓其如簧之舌，称：将以绝大之助力，迫退南军，俾得划江而守，中分天下。求偿的条件，则为：一、吉会路接轨；二、葫芦岛筑港停止；三、打通路改线，而已。张仍严词拒之，并谓：此我家事，于贵方何与？吾宁受南军之缴械，不愿借贵方之助，以保此小朝廷。言时词色俱厉，极予芳泽以难堪。至此，日人也认清楚了他终不为所用，在愤恨绝望之余，竟一切不顾，使出最后之丑恶一着——牺牲张氏，以图另创局面。

中外要人的直接评论

叶恭绰（誉虎）

《叶遐庵（恭绰）先生年谱》云："总理抵津之日（十三年十二月四日），访张（作霖）于其寓邸，时在座者有张学良、杨宇霆、吴光新及先生（叶）等五人，寒暄方毕，张即起言：'孙先生——我是粗人，坦白言之，我是捧人的，我今天能捧姓段的，就可捧姓孙的，惟我只反对共产，如共产实行，虽流血所不辞。'其言甚显豁，可知其固出于诚意者也。"

于右任

于右任先生，一九五四年三月，在王冠吾先生家谓："我于十四年二月到沈阳见张作霖先生，商谈国民二军胡景翼入豫事之后，张即问我：'你们国民党我赞成，我却不赞成共产党。'我即回答：'中山先生与你同一心理，但异其手段，有人驱逐共产党，共产党便想法独立存在，中山先生把共产党转变为国民党，即共产党自然不存在。'经我说明后，张虽有所释然，但对中山先生之容共政策，仍表示怀疑。"

孙科（哲生）

孙哲生先生《八十述略》云："翌年秋（十三年）。我辞去广州市长职，持国父函……到沈阳，往见张作霖，商量讨伐曹锟和吴佩孚。从前听说张作霖是土匪出身，以为他粗鲁剽悍，及见面之后，方知他长得非常清秀，个子不高，不像土匪一类人物。那时他正在进攻山海关。……当时我是住在旅馆，他每天早上派专车接我到他的办公室，共进早餐，吃的是小米稀饭，生活非常简朴，饭后，照例由他的秘书长带着一个秘书和各方的函电公文，向他报告，并请示意见。他听完之后，逐一用口头指示，由秘书记录办理，一百多件公文，不到一小时，就处理完毕，非常迅速。当我和张作霖达成协议后，他的军队不久即打通山海关，进抵天津，曹锟亦随之下野。”（见孙科《八十述略》第十页）

曹汝霖（润田）

《曹汝霖一生回忆》说：“我于十四年四月自上海回天津，奉段执政命赴沈阳，请张雨帅来北京，……见雨帅寒暄后，即转达合肥之意……合肥说有许多事，须与老帅面商，盼望很切。……他说，要商之事，我都知道！……我可跟你同行好了。我当即道谢，想不到张氏这样爽快地答应。……张氏身躯不高，声亦不大，颇有恂恂儒雅之风，没有赳赳武夫之气，北人南相，决不像长白山出身之健儿也。临别告我，咱们明天上午八时一同起身。……车中只有我们两人……杂谈移时，又谈到政事，臧否现代人物，他最推崇者为袁项城。他说：只有项城的能力智力，能统一中国，惜误于群小忽起帝制运动，中道而殂。……对赵次老（尔巽）说：旗人中有此远大眼光者很少，惜缺乏时代知识。对合肥谓：他虽有刚愎之性，但用人不疑，对人诚实，不用权术，故门生故旧人才众多，无一不乐为之用，惜过信又铮。又铮之才，胜于宇霆，唯锋芒太露，反有时为合肥之累。对东海则谓：有容人之量而短治现代之才，他的学问深，但理论不切于时势，也许我们没有他的学问，故不易了解。对黄陂谓：碌碌庸才，靠了一时运气，作了副总统，还要乱出主意，以至府院不和。对冯玉祥则深恶痛绝，谓：这种反复小人，唯利是图，还要装伪君子。这人险而诈，同他共事，真要小心。余与他（张氏）初次畅谈，听他评论人物，论及时事，却都中肯，不觉起了钦佩之意。”

“张氏坐镇东三省，整军有方，理财有术，保境安民，人民称颂。尤其对付日本人，内外并进，刚柔互用，关东军无所施其技。少壮派恨之入骨，非去之不可，遂以非常手段，致丧其命，张氏亦不愧为一世之雄也。……然亦可称为殉国。”（见《曹汝霖一生之回忆》一九八页，传记文学社出版）

颜惠庆（骏人）

《颜惠庆自传》云：“张作霖将军……通电下野……他在返奉天火车途中……被炸重伤，不及医治，业已身亡，他的生命，如此结束，可云惨酷。至于他对国家的功罪，一时尚难评判，只好留待史家的公正裁决。他所受的教育，十分有限，完全凭借本人天赋的智慧和机变，造成他死前的领袖地位。他能在东三省，日本军阀极度侵略之下，维持地方秩序，经历若干年，其应付能力要非一般武人所能跻及。至于他的弱点，要为中国

一般武人所共有，不能对张氏个别加以苛刻指摘。”（《颜惠庆自传》一五五页，传记文学社出版）

顾维钧（少川）

《顾维钧对民国史几个问题的自述》谓：“张作霖对我非常客气。我觉得他有他的特长，虽然他没有受过教育，统御部下，却有他的一套。例如，张宗昌是他的部下，他对于大帅（张作霖）看见了是磕头的。张作霖要他作什么事，他就作什么事，服从得很。张大帅对部下，晓得他们的脾气。他自己不要钱，对部下手头很宽。……而他自己的生活很简单。”（见一九七六年十一月《传记文学》第一七四号）

梁士诒（燕孙）

《梁燕孙（士诒）先生年谱》云：“张（作霖）自昔与国民党具有渊源，自就安国军总司令以来，先生（梁）与叶君恭绰逆知此局之不能持久，而世界形势，不久即将剧变，北方政治立场，既甚薄弱，宜急与国民党相结，庶足安内攘外。曾设法说奉军诸将领，倾向和平，早谋统一。事将成熟，为张宗昌所破坏。复引孙传芳北上，力说张以抗南，遂致不可收拾。……

张虽一武夫，而十余年撑持东北，苦心孤诣，功绩实不容没，张死，而东北之局坏矣。（见《三水梁燕孙先生年谱》下册，525、566页）

俄人布尔林（张氏顾问）

“布尔林（俄人，帝俄中将，二十三至二十六年在南京陆军大学任教官，讲授‘战争原理’课程），日记‘孔祥铎译’云：

“我自民国八年起任张作霖将军顾问十年，就参与其间所知者，他可敬佩之事有：(一）收回中东铁路权。在民国九年前后，俄国红白两党混战时期，关于中东铁路问题，日本提出由中、日共管，美国主张暂由国际监管。张均反对，认为中东路主权属于中国，而由中国收回，并划中东铁路沿线为东省特别行政区。(二）断绝谢米诺夫。俄国远东军总司令谢米诺夫，经红党击败，在民国七年八月退到满洲里、海拉尔。当时我任谢的参谋长，曾代表谢于七年九月至八年二月间，密赴沈阳三次，谒见新升东三省巡阅使的张作霖将军，请求援助。张谓：因国际关系，只能暗中予以方便，且主张谢应和霍尔瓦特（中东路坐办）组成之西伯利亚政府合作共同抵抗红党。为联络方便，也聘我为巡阅使署顾问。八年九月我陪同谢米诺夫至沈阳，谒张面谈。张、谢达成口头协议为：张仍暗中支援。谢继续服从西伯利亚政府及不时向东北与蒙古境内侵犯。八年底谢忽受日本利用，宣布为西伯利亚统治者，并统一全蒙。张将军闻之大为愤怒，骂谢是白匪，即密令黑龙江孙督军设法将谢米诺夫逮捕。经我周旋调解，虽未走极端，然自此断绝谢之往来，凡谢部退入国境者，不问多少，一律缴械，我亦于此时辞去谢之一切地位。民国九年起，谢和其他白党在远东之组织即被红党各个击破矣。谢米诺夫亦于十年九月，自海参崴流亡上海。(三）反俄反共。张将军的反俄反共，具有先天性。其对共产主义并无深切之研究，而所以然者，是直觉上感应：①对俄国人无好感，②共产主义是洪水猛兽，⑧共产党人言行都是骗人害人的。因而有十二年八月，苏俄代表加拉罕联张工作之失败（加拉罕联张失败，即于十四年将其利用对象转为胡景翼、冯玉祥、郭松龄），十五年一月中东路局长伊凡诺夫之遭拘捕，七月加拉罕不离华，奉俄会议之不重开，十六年四月北京苏俄大使馆之被搜查，等等事件之发生也。”

《国闻周报》

《国闻周报》载有：“张作霖之为人，机警果敢，非无过人之处，即其宽厚待下，侠义结友，亦尚不失豪杰本色。彼在东省，对日人有时非常强硬，决不如南中所传之媚日亲日。……盖东北地理历史，均与日本有特殊关系，周旋其中，势使之然，固不能断其即为媚日卖国。”又有：“张（作霖）……霸东北者十余年，而强邻压境，外交棘手，张努力支撑，似尚不闻有丧权卖国举动，世之明眼人或多谅解者也。”又云：“平情而论，张（作霖）氏其以前在东北经过之事业，均足表现一种爱国真诚，对外敢云尚无屈辱，此自不可磨灭之事实……吾知千百年后，知人论世，定多同情于其悲境者。……”（见《国闻周报》八、九、十、三十期。）

梁敬錞（和钧）

梁敬錞《九一八事变史述》云：“张（作霖）对日本既亲仇之不一，日本对张，亦怨悦而交并。……大抵张作霖对于日本，虽甚富友谊，然日本欲其出卖国家，若日韩合并论中，宋秉峻、李容九之所为者，则非张作霖所能忍受。作霖之贤在此，日本满蒙分离运动之失败亦在此。”（见六五年再版本，三二一页。）

王宠惠（亮畴）

王亮畴先生一九五一年三月九日于谢耿民先生家中曾说："张作霖是一有强烈爱国心的武人，主持东北军政十余年，在日、俄两国侵迫之间，而不受威胁利诱，抗日反俄，坚决维护国家主权，未订过丧权辱国条约，实为不世之雄才。若非张氏主政东北，恐东北早被日、俄鲸吞蚕食矣。我和张雨亭、汉卿父子之所以建有深厚友谊，原因就在这里。"

（三）孙总理与张老将之合作，何以始终未能达成协议？

主要还是由于双方思想观念不同，对国事处理之看法及做法，未能达成协议。其经过：

与孙中山先生的合作

张作霖先生与孙中山先生的联络合作，当时并未公开，有记载的是，张先生于十一年一月三十日，第一次派李绍白代表赴桂林，二月十二日谒见孙中山先生。行前，杨庶堪自上海电孙中山先生："张派亲信代表赴桂晋谒磋商条件，幸善遇之。"尔后，信使往还，除函信有载在《国父全书》中外，其代表人物，有记录或有印证者，则为：宁武于十一年八月三日，韩麟春十一年九月，沈鸿烈十二年五月，杨宇霆十二年十二月之来广州。伍朝枢于十一年三月，汪兆铭十一年九月二十二日，和十二年九月二十二日，叶恭绰十二年十一月二十五日，孙哲生十三年九月之赴沈阳。商洽合作，讨伐曹、吴军政事宜。(参阅《国民党八十年大事年表》)

其合作之具体表现，则为两次直奉战争。

十一年五月，第一次直奉战，张先生为支援梁内阁，是为兵戎相见之引端，而促成战争之不能罢休者，在有粤、奉会师武汉之约。广州政府适于此时派伍朝枢赴奉报聘，磋商合作，则有助于直奉战争之爆发，亦系持平之论。

据张梓生所编《直奉战争纪事》云："伍之赴奉，据伍氏在上海向各方面宣言，纯系报聘性质，谓奉张迭次派员赴粤……自有报聘之必要……而对于粤奉联盟一层，只承认其可能，而力辩其并无有订立某种条约之事。……据当时所传消息，谓粤、奉、皖三系连络之结果，拟召集各系代表，在天津开全国统一会议，其会议中之议案，已由三系暗中商妥，大约（一）孙中山先生为总统，段祺瑞副总统，梁士诒国务总理。（二）免吴佩孚直鲁豫巡阅副使，归两湖巡阅使本任。（三）大赦安福系党人。（四）张勋为苏皖赣巡阅使，段芝贵为直隶督军。（五）恢复旧国会，制定宪法。……吾人观张氏运兵入关，即以保护天津会议为名……而直奉战争之导火线，固已伏于此矣。"〔见《传记文学》第二十五卷第三期，沈云龙《奉粤皖结盟及奉直之战》(《徐世昌评传》之六七)引〕嗣奉军战败，北伐军亦无进展，粤奉双方均以未克会师武汉为憾。即再谋讨伐曹、吴之道，遂有十三年第二次直奉战争。

十三年九月一日，江浙之战爆发，孙中山先生于九月四日下令北伐，分兵三路进攻江西。张作霖先生同日致电孙中山先生响应北伐，愿效前驱，即于九月十三日，发动第二次直奉战争，粤奉仍有会师武汉之约。迨十月底吴佩孚溃败，曹锟下野，张先生和段祺瑞、冯玉祥先后电请孙中山先生北上，共商国是。孙中山先生于十三年十二月四日抵达天津，而段祺瑞却迫不及待，先于十一月廿四日，自津入京，宣布就任临时执政，北方政局形势为之一变。孙中山先生驻节天津期间，仅与张作霖先生互相访晤，欲与段面决大计，但段只派许世英代表慰问周旋，避不谋面，可见其间有所隔阂。盖当时孙中山先生主张召开国民会议及废除不平等条约，段主张召集善后会议，承认既定不平等条约，政见不同，无法一致，三角同盟之势，已不能继续维持。不幸孙中山先生逝世，竟失去以国民会议解决国是的机会，唯有诉之于武力矣。

综合张先生与孙中山先生合作过程及往返函信中，观察分析，则是，张先生对孙中山先生极为推崇。尤其在十一年至十三年，革命艰苦阶段，而有经济和物质上之援助。可以说在这一时期，张作霖先生对革命是有贡献的。

（四）二期北伐，向平津进攻之前，双方谈不拢，问题又在哪里呢？

张作霖先生于十六月二十五日通电表示：继孙中山先生之志，讨伐共党，而反共者，仍当本中山合作初衷，一律友视。露出可以妥协之意。且先派葛光庭赴南京接洽，所持议案，认为冯玉祥是唯一之敌，欲和宁、晋以讨冯，再谋统一之道。而宁方亦难漠视冯之意见。其妥协运动，故无结果。可是由于宁、奉妥协声浪，反逼使暧昧之冯王祥表明态度，遂有冯玉祥、张之江、鹿锺麟于十六年七月二十七日就军事委员会委员之电报，冯驻宁代表熊斌，亦表示冯军全力拥护南京国民政府。有此影响，亦异数也。

十六年七月二十九日何成濬代表到北京，奉方甚为欢迎。同时，已有唐生智经孙传芳的介绍，任联奉对宁之接洽。待奉方代表杨宇霆、韩麟春与何成濬会谈时，即表示：①认汉为共产政府，唐为反复之人，宁为国民政府，蒋为热血同学，决不联唐反蒋。②不反对三民主义，然非赞同态度，因赞同有投降之嫌。③愿先统二不统一，俟国民会议开后，再谋统一之方。何成濬以为：不谈政治，先讲妥协，为宁方环境所不许。谈商既无结果，彼此均有失望之感。何即离京赴晋。

张学良先生斯时对三民主义的革命大道理，已有所了解。

此次与何之会谈，未能达成协议，殊以为憾，而拟辞职，出国考察，以示消极。张于十六年八月九日赴保定视察第十六第十七两军，召集军师长，曾有告别式之训话："我因政略关系，拟呈请辞职，出国考察，不久可回来，各位要仍本初衷，拥护大元帅，为国家努力。"等语。（参阅沈云龙《黄膺白先生年谱长编》上，二九三至二九五页）其议虽未实现，然而却影响到十七年六月以后的国家政局。

（五）照铁汉先生的意思，民国十九年之中原大战，张汉卿决定入关帮助中央，截断阎、冯的后路，这着棋没有走错，假如他参加阎、冯那方面，则战局之发展，又大易其势了。

中原大战，假如张学良被诱，参加阎、冯那方面，则此战役势必持续下去，何日方能判明胜负，殊难逆料。而中国将陷于长期分裂状态，国运民命，不堪设想矣。

（六）外传张老将对于团长以上的家属，照顾得很周到，是否真有其事？

早期是如此，后来范围大了，势难一一兼顾。大致说来，张老将出生农村，起家行伍，知道爱民爱兵对部属很优厚，赏罚严明，兼之待人以诚，能推心置腹，因此其部属均乐于效命。东北同胞对张氏父子至今还有好感。

（七）有一个问题，想请教铁汉先生，对于勇敢善战而私德不佳的将领，假如铁汉先生您主政，将如何处理？

人有长处也有短处，当用其长而去其短。古语说：“君子之用人也以器。”人究竟是人，人有其脾气、个性、偏好，如果将一个历史人物描写成一个偶像，倒反而失去他的真精神与真价值。指挥官的目的就是“打胜仗”三个字，凡能达成任务能打胜仗的将领就是好将领，用人当用其所长，去其所短。胜而骄，被财色所迷惑，以至于堕落，那是养成教育受的不够好，位过其才所使然。应予以再教育之机会。

（八）铁汉先生在辽宁省政府主席任内，对于惩治汉奸，如何执行？如何处理？

抗战胜利后，对于惩治汉奸条例，在未公布前，我曾经几次向中央建议。我个人认为惩治汉奸条例不适用于东北地区，盖“九一八”事变仓促发生，军队未经抵抗即行撤出，等于是拱手让人，是政府把人民丢了。胜利后二三十岁的人，在东北沦陷时仅是十岁以下不懂事的小孩，何汉奸之有？今天如反加以汉奸之罪名，未免太过残忍！有此等建议的人不少，故最后东北地区未实行惩治汉奸条例。

（九）铁汉先生提到前几年曾在香港《工商日报》写文章，看来铁汉先生还是新闻界的同业哩。是不是因为何世礼的关系替《工商日报》写文章？

我与香港《工商日报》，董事长何世礼，社长胡秩五都是老朋友。何世礼当连长时，我当他的团长，每当他来台北，一定到我家里来谈谈，并常常当众称我为他的顶头上司。谈起何世礼，他算是东北军起家的，他比我小一岁，样子很像个外国人，早年曾在英法学炮兵，回国后由其父亲何东爵士介绍于张作霖，何由胡秩五陪同持信到沈阳时，适张作霖已为日人炸死，因而未见到张老将。此时何抱既来之则安之的心理，顺道由沈阳经长春至哈尔滨游历一番，当他准备由沈阳南返时，适张学良继承父位，主政东北，何遂持信晋见张学良，张以世交之关系，遂将何留下，当其副官，张汉卿到哪里，就带何世礼到哪里。“九一八”事变前，我任东北陆军第一旅三十七团团长驻北大营，团属有一平射炮连，何当副官，以学非所长，希望带兵，以资历练，张遂派他当平射炮连的连长。“九一八”事变后，何再任张汉卿之参谋，其时适成立一〇五师，遂又派他当一〇五师炮兵营的营长。西安事变前，张到西北，一〇五师驻西安，此时何已调升通信兵团团长，未几离开西北（在西安事变前已离开）。二十六年八一三抗战时，何重任十九集团军总部副官处长。上海撤退后，即民国三十二年，又转任第四战区司令长官部副官处长。三十三年，美国在华成立后勤补给机构，陈辞修其时主持军政部，遂派何到昆明当补给副司令，三十八年任东南补给区司令。何廉洁爱国有才能，历任职务，皆有优良表现。尔后任我“国”驻日军事代表团长及驻联合国军事代表团长，对“国家”尤有特殊贡献也。

（一〇）张老将是否喜欢致训词之类?

张老将主政东北期间，中央鞭长莫及，形成割据局面，他周旋应付日俄两大之间，却很少致“训词”之类。尤足称者，虽然是割据之局，但对司法、教育却极端尊重，从不加干涉或牵制。对教育、司法制度，一如中央，不稍变更，故历任北洋政府之司法、教育总长，对张老将印象观感均佳，如王宠惠即是一例。迨至张汉卿继承父业，王宠惠与张相处亦极融洽。顾维钧、罗文干等知名之士，乐于依附张老将，也是这个道理。

（一一）张老将之所以兴，少帅之所以败，以铁汉先生之观察，理由何在？又老将信任哪些人？各有何表现？

关于老将之优点与缺点，以前已经断断续续谈过。老将之所以兴，不外“敢用人、肯信人、能容人”，“待人以诚”、“推心置腹”、“谦恭下士”、“用人唯才”能用专家，也能信任专家。文者如郑谦，意见不合时可以拂袖而去；武者如杨宇霆，讨论事情有了争执，张作霖拍桌子，杨宇霆也可以拍桌子，张不以为忤，仍倚之为左右手。他信任人能信任到底，帮人也帮到底，譬如第一次直奉战争，就是为拥护梁士诒（燕孙）而战的，他的可爱处即在于此。当然，所用的人，有好的也有坏的，即使是部属造反了，他也只怪自己瞎了眼，从不苛责别人。不怕死，肯吃亏也是老将的一个特点，对部属如此，对朋友也如此，其成功处亦在此。如果批评他用人，只能说受时代环境所限，他已不分地域向各方面找人才，我们还能求全责备吗？而其最伟大的地方，还是在其有强烈的爱国心，抗日反俄到底。

至于张汉卿，则与其父亲不同，可说是少年得志，对困苦艰难了解不够深刻。而聪明才智俱高，秉性纯厚，且富同情心，在军政统御上，有其天赋才能。在其一生中，有几件大事，处理得很高明很妥善，对东北、对国家贡献都很大：

（1）两次直奉战：第一次直奉战时，张汉卿是二十二岁，第二次直奉战时是二十四岁，但无论在战场上也好，在后方协调上也好，张汉卿都是功不可没。第一次直奉战时，奉军能够在失败中将局面稳定下来；第二次直奉战时，奉军之所以能够获胜，严格说起来，不完全是张老将的功劳，主要应归功于汉卿之协调，他在父亲与将领之间发生了缓冲、协调的作用，并弥补老将领导方面的缺陷。

（2）郭松龄倒戈：郭松龄由张汉卿之推许，始为张老将所信任，东北军之精锐，均由张汉卿与郭松龄所掌握，颇有举足轻重之势。杨宇霆、姜登选忌其宠，亦异其派系，遂与郭互谋倾轧，积不相容。当决定杨宇霆为江苏督办的前夕，李景林、郭松龄、张学良犹联合向老将具申意见：将张宗昌调江苏，李景林调山东，姜登选为安徽督办，而由张学良任直隶督办，以控制京辅、屏藩辽东。按其时局势，虽不失为有识见之建议，然实含有争夺权力之意图。至孙传芳袭击苏皖，杨宇霆、姜登选弃职北上，张老将重作军事部署，召郭松龄回沈会议时，郭已先联合冯玉祥，签订密约，继得李景林之赞助，乃于十四年十一月二十二日，在滦州电劝张老将息战下野，以政权交张学良，并通电攻击杨宇霆，捕杀姜登选，班师出关，倒戈反张。同时将原有之第四、第五、第六、第七、第十、第十二师，炮兵第一、第二两旅，改编为五个军（原任师长赵恩臻、高维岳、齐恩铭、裴春生及旅长孙旭昌送交李景林看管），称东北国民军。郭自任总司令，派宋九龄为前敌总指挥，邹作华为参谋长，刘振东、刘伟、范浦江、霁云、魏益三为第一、第二、第三、第四、第五军军长。

十一月二十三日，郭军即沿京奉线进军，击败张作相、韩麟春、汲金纯、汤玉麟等部，在山海关、绥中、锦州、黑山等地之逐次抵抗，于十二月六日攻占锦州，二十一日攻占新民。张老将则调集后方及吉黑两省部队，派吴俊升为讨逆军总司令，兼右翼军司令，张作相为左翼军司令，张汉卿为前敌总指挥。十二月二十二日两军沿巨流河对战。所谓郭军原是张军，官兵对张汉卿有信仰、有感情，闻知张在前线，郭军战意消失，军心动摇，大部向张汉卿反正，且白旗堡被吴部骑兵袭击，后路截断，郭松龄遂完全失败，于二十三日换衣逃遁，二十四日经骑兵第七旅王永清部俘获，在解沈阳途中被枪决，失败之速，死事之惨，无出其右者。这样一次天翻地覆的事件，在一个月即将其解决，张汉卿是主要关系。

同时，李景林因国民第二、第三军压迫，心有不安，复以许兰洲之疏解，乃改变态度，于十二月二日，释放郭松龄解津拘禁之奉军师旅长，并与张宗昌联络，组织直鲁联军，拒绝冯玉祥军假道援郭。此为郭松龄惨败之又一原因。

事变后，张老将以罪只限郭松龄一人，仍用原有干部即日将部队改编完竣。唯魏益三所属步兵两团，炮兵一团，因远在山海关，则投向冯玉祥。

（3）皇姑屯事件：民国十七年，东北军撤出关外，张老将在皇姑屯被炸，张汉卿继承父业，处理得有条不紊。缘张老将为日人炸死后，适逢北京各部会亦退至沈阳，而东北辽、吉、热、黑四省，又都是老人、旧人掌政，用句土话来说，这是个“大摊子”，此时张汉卿年龄也只不过二十八岁，但他却从容地接下这个大摊子，并从事部队上之裁编、政治上之精简、经济上之紧缩，无论是北京政府去的要员，或是原来东北四省之旧人，他都安排得很妥当，处置得很完善，从未发生过问题，而且态度镇静，真可谓临危不乱，这是很了不起的。

（4）东北易帜：日本最恐惧者为中国之统一，而东北之易帜归附中央，又为日本所谓“满洲政策”之死对头，故对中国统一之破坏，不惜威胁利诱，无所不用其极，然张汉卿处于那样险恶的环境当中，却能不顾一切，毅然决然地举辽、吉、黑、热四省服从中央，完成中国统一。这是非常的事功，也是非常人所能做得来的。

（5）十九年进关：十九年的中原大战，张汉卿进关是双方胜负的主要关键。在此之前，他曾受到下列几方面的压力：第一个压力来自日本，进关之举，日本人当然是反对的，故不惜威迫利诱，全力阻挠。第二个压力来自阎、冯方面，扩大会议时，阎锡山、冯玉祥、汪精卫为了争取张汉卿之合作，不断地游说，并许以种种优厚的条件。第三，东北元老重臣，对中原战争，采取听其自然演变态度，反对出兵进关。张仍排除困难与阻力，拥护中央派兵进关，扩大会议马上瓦解，阎、冯两军亦作总退却，于是连亘七个月，双方伤亡达三十万人之“中原大战”，得告结束，中国再现统一。

张汉卿的个性纯厚，不玩权术，而肯吃亏又有点像其父张老将的作风。譬如十九年以后他以陆海空军副总司令的身份驻在北平，主持华北军政，无论是宋哲元、庞炳勋、孙殿英、商震的部队，抑或其他各省之部队，均能听其指挥调度，主要就是靠“肯吃亏”的精神，其时中央财政困难，欠饷是常有之事，而张汉卿却能以公平合理的态度来处理，有饷先给别人，欠饷先欠东北军的部队，将别人的部队当作自己的部队来处理，故各省之军队乐于听从他的指挥，旁人指挥不了的部队，他却能指挥，即靠这点肯吃亏的精神。前述民国二十二年张汉卿回国，韩复榘、宋哲元、商震等人曾拟请中央仍让他回华北主持军政，亦缘于此。

对东北、对国家，张汉卿固然有上述五大贡献，他也有过人的长处，但因西安事变，而被遮盖了。真有“一失足成千古恨”之慨！

（一二）关于东北军（张氏父子的军队）之演变，有几个问题想请教铁汉先生，老将在军事最高峰时有多少兵力？

民国十四年春天（即十三年第二次直奉战之后），东北军大事整编，其时共有二十个师，即东北陆军第一师至第二十师，各师师长姓名如下：

第一师李景林　第二师张宗昌　第三师阚朝玺

第四师张学良　第五师赵恩臻　第六师郭松龄

第七师高维岳　第八师蔡平本　第九师汲金纯

第十师齐恩铭　第十一师汤玉麟　第十二师裴春生

第十三师张九卿　第十四师穆春　第十五师张作相

第十六师于深澄　第十七师万福麟　第十八师吴俊升

第十九师李爽恺　第二十师邢士廉

上述二十师中，第十三师、第十四师、第十六师及第十七师均为骑兵师。另有炮兵二个旅，第一旅旅长邹作华，第二旅旅长魏益三。

（一三）十八年编遣会议时，东北军如何实施？

十八年编遣会议时，东北军遵照中央之规定，首先实施编遣，而且较中央几个编遣区做得更为彻底。其实施方法是，由师改为旅，用中央的番号，由独立第七旅起，共编成二十四个旅，主官姓名如下：

第七旅王以哲　第八旅丁喜春　第九旅何柱国

第十旅刘翼飞　第十一旅董英斌　第十二旅张廷枢

第十三旅李振堂　第十四旅陈贯群　第十五旅姚东藩

第十六旅缪澄流　第十七旅黄师岳　第十八旅杜振武

第十九旅孙德荃　第二十旅黄显声　第二十一旅李振声

第二十二旅苏德臣　第二十三旅丁超　第二十四旅李杜

第二十五旅张作舟　第二十六旅邢占清　第二十七旅吉兴

第二十八旅王瑞华　第二十九旅王永盛　第三十旅于兆麟

国防军方面，除上述二十四个旅之外，另有五个骑兵旅，三个炮兵旅。至地方军方面，辽宁有张海鹏、于芷山二个旅；黑龙江有马占山等三个旅。

（一四）“九一八”事变后，东北军是否减少了？兵力方面有无影响？

“九一八”事变后，东北军大部分退入关内，部队亦予以重编，由旅改编为师。自长城战役后，至西安事变前，东北军之番号兵力如下：

一〇五师师长由张学良兼，副师长刘多荃（每师三旅，每旅三团）。第一〇六师师长沈克（沈氏原为西北军石友三部）。第一〇七师师长张政枋。第一〇八师师长丁喜春。第一〇九师师长何柱国。第一一〇师师长何立中(其后于陕北“剿共”阵亡)。第一一一师师长董英斌。第一一二师师长张廷枢。第一一三师师长李振堂。第一一四师师长陈贯群。第一一五师师长姚东藩(其后由熊正平继任)。第一一六师师长缪澄流。第一一七师师长翁照垣。第一一八师师长杜振武。第一一九师师长孙德荃。

第一二〇师师长常经武。第一二九师师长周福成。第一三〇师师长朱鸿勋。

其后又将上述十八个师编成四个军，第五十一军军长于学忠，第五十三军军长万福麟，第五十七军军长何柱国，第六十七军军长王以哲。另有骑兵三个师，骑兵第一师师长郭希鹏，第四师师长王奇峰，第六师师长白凤翔。炮兵三个旅，第六旅旅长王和华（现在台北），第七旅旅长乔方，第八旅旅长刘翰东。

民国二十四年（即西安事变前），中央成立陆军整理处，陈诚为处长，首先着手整理者为东北军中之骑、炮兵，由原来的三个骑兵师，加上中央两个师（门炳岳、张厉生），共五个骑兵师，编成三个骑兵师，成为中央骑兵第一军，军长由何柱国担任。炮兵则以原有之三个旅，加上中央的两个团，编成第六、第七两个旅及一个独立团。第六旅长黄永安，第七旅长乔方。西安事变时，东北军编制即如上述。

（一五）上述之整编计划，是否与西安事变有关？

没有。整理骑、炮兵均极公平，与西安事变并无关系。

（一六）冯玉祥之倒戈，外传张老将给了他钱（冯当然不承认），此事确否？

确有其事。此事由张老将之代表郭瀛洲（曾任旅长、镇守使）负责与冯玉祥接洽。当时老将答应给冯现大洋五十万及补助若干弹药和武器。当然，冯之倒戈，不仅仅是为了这五十万块钱，主要原因是由于冯玉祥不能与吴佩孚合作。吴在表面上敷衍冯，但在暗地里却又处处防范冯。此地不妨略举一例加以说明：当二次直奉战争时，吴曾许下一愿，谓打下东三省后，东三省的地盘由冯管辖，这当然不是吴的真意，只是敷衍冯而已。另一方面，吴则派王承斌监视冯玉祥。其时王承斌之名义是讨匪军副总司令，在职务上理应协助总司令处理军事，然吴却令王随冯玉祥的第三路军往热河推进，易言之，以副总司令王承斌节制冯玉祥。王、冯因朝夕相处，时有联系，在一次闲谈中，冯向王透露：谓吴曾答应，打倒张老将后，东三省归由他负责。王承斌说：吴总司令给我的任务与你亦复相同，因我是东北人，亦叫我负此责任。两人对证之下，证明吴佩孚在耍花样，因此王、冯两人均不满意于吴。由于吴耍的花样被拆穿，故此时王虽名为负责监视冯，实则与冯合流矣。以后冯决定回师倒吴囚曹，并与奉天方面取得默契（即直隶归王承斌，热河地盘归冯玉祥），即缘此而来。

政治上之默契虽然如此，但后来却由于李景林之关系，发生了很大的变化，王承斌固然未能如愿以偿取得直隶督军兼省长的地位，而由于争夺河北地盘，却产生种种错综复杂的关系，直接间接影响张（作霖）、冯（玉祥）、段（祺瑞）以及张（作霖）、段（祺瑞）之间不能彻底合作。缘李景林战胜直军之后，虽拟发表为热河都统，然其内心实不以热河地盘为满足，遂以战事尚未结束，战场上仍负有战斗任务为由而辞谢，由冷口继续向天津推进，部队进展非常迅速，不旋踵即进驻天津。另一方面，张宗昌因负有结束滦州与山海关之作战任务，故当李景林由冷口向天津前进时，张宗昌亦由冷口向滦州推进，在战事结束后，张宗昌即借此机会收编山海关之直军，编成四个旅，张宗昌之势力遂由此壮大。

当李景林部队到达天津后，因得悉张老将与冯玉祥有默契（即直隶督军一职，由王承斌担任），遂有计划地阻止王承斌与张老将见面。当老将入关驻天津时，负责警卫之部队即为李景林之第二旅，王承斌屡欲见张老将，均为警卫部队挡驾，由于双方始终未见面，意见即无法沟通，遂发生误会猜疑。在王承斌方面，以为张老将有意回避他，自食诺言。在张老将方面，亦怀疑王承斌别有作用，如其不然，何以不来见我？在此期间，一度利用段祺瑞发表卢永祥为直隶督办，卢一方面知道张老将并非诚心诚意竭力支持，另一方面又受李景林掣肘（李处处为难他），故发表不久，卢永祥知难而退，辞直隶督办。在这种局面下，卢永祥既知难而退，王承斌又见不到老将，水到渠成，直隶地盘遂归李景林所有，张老将亦顺水推舟，发表李景林为直隶督军，易言之，河北地盘遂落入东北军之手。

迨李景林部队退出保定后，冯玉祥之国民一军及孙岳之国民三军，又因争夺直隶地盘而发生误会与冲突。缘李景林退出保定之后，直隶即为国民三军所据，冯玉祥则派张之江率领三个旅在廊坊一带策应郭松龄。此举一方面引起李景林之误会，认为冯玉祥与国民三军合作抢直隶地盘，遂回师将国民三军击败（李景林虽败退保定，然战斗力仍强，国民三军因有错觉，故吃亏甚大）。当国民三军溃败之时，张之江的三个旅按兵未动，亦引起国民军之误会，认为国民一军袖手旁观，看自己的好戏，并有与李景林合作吃我之嫌疑。然事实上，双方均有误会。

由于直隶地盘的关系，造成张、段、冯彼此间不能合作，于是各谋发展：冯玉祥往西北，争夺察哈尔、甘肃、宁夏、陕西；国民二军抢河南；张老将获得山东后，进而向江苏、安徽发展，准备以姜登选配合张宗昌进窥中原，但其间因为冒出一个孙传芳，使得一切计划都改变了。

（一七）关于江苏、安徽之督军人选，何以决定杨宇霆、姜登选而不考虑卢永祥与郭松龄？

关于江苏、安徽督军之人选，张学良、郭松龄、李景林三人曾有默契，并拟有一具体计划，即张宗昌由山东到江苏（张力量雄厚，并与江苏有历史渊源，缘李纯时代，曾在江苏成立军事教育团，张任军事教育团团长，故对江苏政情熟悉）；李景林由河北到山东（因河北情形复杂，山东则较为单纯。易有作为）；姜登选仍去安徽；河北则由张学良出面，郭松龄以帮办名义负其责。此项计划（即张宗昌到江苏、李景林到山东、姜登选负责安徽、张学良、郭松龄负责河北），曾经征求过张宗昌的同意，同时，并曾将此建议，向张老将报告，惜张老将未予同意，其中原因，一方面受杨宇霆之影响，另一方面以既成定案，未便遽予变更。因此，这个计划始终未能实现，如果此项计划果能成功，则历史当可重写，何以呢？因张宗昌势力雄厚，将其置于江苏，冯玉祥、孙传芳均不敢轻举妄动也。又，此项计划未能成功，亦为激起郭松龄事变主因之一。

（一八）张宗昌何时与张老将发生关系？又一般人对张宗昌这个人，总是毁多而誉少，可否请铁汉先生作一评述？

张宗昌与张老将认识是在民国十一年（第一次直奉战）以后，张在关内无出路，投靠张老将，张宗昌相貌堂皇，体格魁梧，说法与做法都适合老将的脾胃，因此，二人见面，一拍即合。

张宗昌早年的经历，据我所知，简介如下：民国七年，当李纯当江西督军时代，张宗昌当暂编第一师师长，归张怀芝指挥，由于部队纪律太差，战斗力不强，部队亦被打散，失败后到北方投效曹、吴，因不受欢迎，又不甘寂寞，遂到关外谋发展，其时适老将于第一次直奉战争新败之余，遂收容他，并畀予旅长职位。迨至十三年第二次直奉战起，他以旅长身份，由奉天打到江苏上海，不到一年的时间，即由旅长擢升至山东督办。

当李纯督苏时，曾于江苏成立军事教育团，聘张宗昌为教育长，后来很多颇有名气的将领，如黄伯韬、丁治磐、毕庶澄（民国十三年，不过是第三旅工兵营的营长，未至三月，即擢升为旅长）、徐源泉（第五十五团团长，为褚玉璞之部下，其职位跟着褚玉璞步步升迁）等人，都是江苏教育团的学生或教官，易言之，都与张宗昌有师生之谊。

张宗昌这个人，并不如传说中那样坏，还有一点政治头脑，他很注重军队之训练。其在东北陆军第二师师长（共辖五旅，第三旅褚玉璞、第二十八旅程国瑞、第二十九旅许琨、第三十一旅王栋、第三十二旅毕庶澄）任内，部队相当整齐，纪律亦尚严明。在用人方面，其容人之量，亦非常人所能及，他所用的人，分子复杂，四方八面的人都有，他本是直军起家，在奉军也待过相当长的时间。在北洋系统方面，他几乎每方面都有过联系：孙传芳开始与张老将联络，是由他从中介绍，穿针引线的；冯玉祥当第十六旅旅长时，张宗昌是江西暂编第一师师长，二人关系早有渊源；吴佩孚、冯玉祥失败后，这两个系统的将领均集中于山东，亦与张宗昌有联系；他对张老将更是感恩戴德，忠实异常，郭松龄事变时，李景林后来改变态度，不完全是许兰洲四十万块大洋的影响，主要是受了张宗昌压迫之故。

张宗昌早年曾在哈尔滨做苦工，会讲几句俄国话，他利用五百多名俄国人（白俄），成立两个铁甲车队，为他建立不少战功。

张宗昌当一个旅长或师长，无疑的是个好材料；如果令其担当方面重任，则又受知识及能力所限，大有问题。当其在山东时，以五个旅作基础，不断扩充，部队风纪即开始败坏，因其知识、能力均属有限，范围大了，统御即成问题，所以乱七八糟，洋相甚多。易言之，担子重了，他就挑不起来。

（一九）张老将在皇姑屯遇难后，东北军均往关外撤，又何以独不准张宗昌的军队撤回关外？

张宗昌撤至滦河以西时，尚有五六万之众，对于今后何去何从，他原定有三个计划：第一个计划是将部队交给东北，自己暂时宣布下野，留在东北等待机会，以待政局之变化。第二个计划是部队由秦皇岛渡海到山东，希望仍有所作为。第三个计划是退至内外蒙，以其力量开发内外蒙，伺机而动。三个计划中，第二、三两个计划均有困难，由秦皇岛过海到山东，交通运输是一个问题；至于撤退至内外蒙，内外蒙是一片荒凉的沙漠，要生根谈何容易？故张宗昌几经考虑，最后决定退而求其次——撤至东北。张宗昌首先派亲信干部王琦到沈阳与张汉卿洽商部队改编问题，当时张宗昌要求将其部队编为三个师，每师三旅，每旅三团；张汉卿原则上同意编三个师，唯仅答应每师两旅，每旅两团之编制，易言之，即由二十七团减至十二团。为此双方磋商甚久，始终未达成协议，此其一。此时，中央为解决张宗昌之问题，亦以白崇禧部队施以压力，此其二。张宗昌此时处境颇为狼狈，一方面内部与张汉卿条件未谈妥，外又受中央及白崇禧部队的压迫，在走投无路的情况之下，强渡滦河，其时守滦河东岸之部队即为东北军，未有命令，当然不准渡河，因此双方遂起冲突，打了起来，双方鏖战数日，张宗昌败北，他的部队就这样整个被东北军解决了（褚玉璞之主力在徐源泉手里，徐见大势已去，遂在天津投降）。

（二〇）少帅何以杀杨、常？

杨宇霆这个人聪明而有才干，他既有现代的知识，也有国际的眼光，在东北那个时代里，杨宇霆无疑是一个特殊人物，因此，张老将对他信之不疑，他对老将亦能知无不言，言无不尽，但时间久了，兼之老将又信之过深，不知不觉中，在政治上（军事上仅士官毕业的于珍、姜登选、韩麟春等人与他较为接近）即有所布置。在张老将时代，有鉴于此，为了拉近张学良与杨宇霆的关系，老将可说已煞费苦心，令杨代韩麟春为第四方面军军团长，与张学良共同主持军事，以期望他们合作到底。终以杨宇霆的人物个性，都不是张汉卿所最喜欢的一种人物个性，而未能收预期的效果。

杨宇霆代张汉卿在滦河解决张宗昌问题后回沈阳，仍任东北兵工厂督办，但由于内外情势的推移，又看到张汉卿之颓废现象，取而代之的野心，日炽一日，且有迫不及待之势。在易帜正名时，杨建议："宜设东北边防副司令长官三人，分驻辽、吉、黑，掌理各省军务。"意即由他出任驻辽副司令长官，张坚拒所请。又以农历年关，兵工厂需要二千万银元，迭次请张拨款，几近要挟，张学良颇受威迫。

常荫槐来自杨宇霆，惺惺相惜，互为依重，张老将死后，常出长黑龙江省政，他便开始有在地方独树一帜的野心了，首先表示反对"督抚同城"，力主万福麟的军务督办，应移驻黑河或满洲里，以重国防前线。次则成立山林警备队四十营，由杨宇霆自兵工厂私供武器。这一切有万福麟及兵工厂总办臧式毅分向张汉卿提出报告。杨常合谋益显，日趋积极，终召杀身之祸。

张、杨在向南京妥协及对日本联系上也生歧见。有这样的对话：

杨：你走你的中央路线，我走我的日本路线，而两宝总有一宝押中，不是很好吗？

张：如果是你的一宝押中了呢？

杨瞠目不知所答。这就构成张汉卿不能容许杨常在他权力范围内存在的一个重要因素。

再如杨宇霆之傲慢，常荫槐之跋扈，把张汉卿看成一个暗弱的纨绔，极度蔑视，以致言语态度，毫无顾忌，有非张汉卿所能容忍者。

杨曾对人说："大家都怀疑我在大帅去世后，要作东北首屈一指的领导人。我是亲自看汉卿长大的。我是忠于张家的。我要效法周公辅佐成王先例。我要和周公一样将来交出权力。"这是中国熟知的一段故事。但是杨用此一故事来比喻是不伦不类的，也暴露了杨的傲慢态度。

综合这些因素，而得一结论，张汉卿若不自动放弃东北政权，就必须杀杨、常，以巩固政权，而安定东北。杀杨后，张致杨夫人函中有"建成元吉之事，又有何策乎"，充分显示出，这是一幕政治斗争，而不能以常情法理来推断也。

（二一）郭松龄事变时，张老将在对日外交上，是否与日人有所默契？

〔案：传说日本曾有十亿美元助郭之计划，其时郭之外交处长为齐世英（铁生），据说双方条件未谈妥，故后来日本未支持郭松龄，并禁止郭松龄军队通过南满铁道，这无形中帮了张老将的忙。〕

日本曾有十亿美元助郭之计划，未听说过。郭松龄在起事之初，即一再致电日本驻华公使芳泽谦吉保证："对于外侨生命财产，以及条约上之权利，必予尊重。"请其"转达日本政府，通饬驻东北文武官员，严守中立。"嗣郭进占锦州时，曾与日本关东军司令白川义则见面，双方条件未谈妥。当年十二月五日，白川司令以书面通告，郭张两军，不得在南满铁路两侧二十里内交战。一以警告郭松龄，一以见好于张作霖。

张老将在处理郭变善后中，最感棘手的，就是如何应付日方，如何酬谢日方，以避免日方先开口牵涉到东北利害问题，转使麻烦更多。遂决定携日籍顾问町野武马，亲赴旅顺、大连，拜访日本关东司令白川及关东厅长官儿玉、满铁总裁松冈洋右，表示谢意。

张在日方盛大欢迎中，把他在日本正金、朝鲜两银行日金存款五百万元，送给白川司令，作为酬礼，请白川司令分赠当时出力人员。并即席致词："此次祸变，贵军仗义扶危，得不为叛将所乘，贵军固不望报，但我张作霖受人之惠，终身不能忘，特亲来拜访，并把我自己在贵国银行存款全数五百万元，作为赠礼，聊表对贵军的谢忱。"日人对张老将这一举动，既惊讶，更感动，而衷心地敬服。

张老将事后语人："日人这次助我，当然是有所为的，我对他的好意，也应由我张作霖来报答，我把我自己在日本银行存款全数赠送他们，就表示我全心全意地感谢他们。日本如另有要求，事关国家权利，我张某人就无权作主。"

张老将对日本外交，是有他一套做法的，应敬佩也。

（二二）在郭松龄事变时，李景林持何态度？

郭松龄为免除后顾之忧，曾与李景林有一默契，即李景林至热河助郭，故十一月二十二日郭松龄起事，三天后即二十五日，李景林即有一通电，要求张老将下野，让位给张汉卿。张老将回了一个电报，答复得很巧妙，其中有“如果你李景林来，我可以拱手欢迎；我与张学良今生父子，前世冤仇，绝不相让”这几句话，这个电报虽不是老将执笔，但话是他说的则毫无疑问。

其后，因冯玉祥对郭松龄不甚支持，李景林看情势不妙，支持郭的态度开始动摇。在张老将方面，因解决郭松龄事件甚感吃力，唯一的希望是寄望于李景林态度之转变，以便牵制郭松龄之部队，因此特派许兰洲（李曾任许的参谋）携四十万大洋到天津，欲以金钱及许之私人关系说服李景林，条件只有一个，希望李景林将冯玉祥的部队牵制住，使之不助郭松龄。许兰洲此行任务圆满达成，李景林态度为之一变，不但牵制冯玉祥，而且双方打起来，此外，李景林又将代郭看管的四个师长释放了，诸如此类的行动，对张老将敉平郭松龄事变都是有助力的。

迨至郭松龄事变解决后，东北军再度入关。其后李景林失败，亦退至山东会同张宗昌组织直鲁联军，李景林原来计划，预备自己当直隶督军，将省长让给褚玉璞，但此时张宗昌态度已变，与老将往返磋商之结果，使李景林之计划告吹。由于老将与张宗昌之不同意，故直隶督军一职由褚玉璞担任，李景林仍维持镇威军第一方面军团长名义（在杨宇霆失败后，郭松龄未叛变前，东北军为对付冯玉祥、阎锡山、孙传芳，其战斗序列如下：第一方面军团李景林、第二方面军团张宗昌、第三方面军团张学良、第四方面军团姜登选、、第五方面军团张作相、第六方面军吴俊升）。

李景林在郭松龄叛变时二三其德，虽经张老将谅解，而内心终有不安，李将所有几个师旅（七八万人），先后委派胡毓坤、荣臻代理指挥。值此犹豫期间，张汉卿请胡与荣商讨结果，把李部整编为东北陆军第十二师，胡毓坤师长，辖第五旅旅长刘维勇，第十六旅旅长应振复，第二十三旅旅长部汝廉，第二十五旅戴联玺，旋又缩编为第五、第十六、第二十三等三旅。另成立第十七军荣臻为军长，胡毓坤为副军长，辖第十二师。李景林问题，就这样解决。嗣李景林不甘寂寞投靠山西，阎锡山界以北方军前敌总指挥，对东北军作战。十七年后，李景林又去山东依附韩复榘，不久死于济南。

（二三）民国十五年张（作霖）吴（佩孚）合作之背景为何？

民国十五年，张老将与吴佩孚合作解决冯玉祥，其间负联络责任者，即为靳云鹏。缘吴佩孚对于冯玉祥之倒戈，本有切肤之痛，而当时张老将站在北方的立场，亦认为要解决中国问题，唯有“联合吴、阎”，基于此一观点，就必须同吴佩孚合作，彻底解决冯玉祥。为此，张（时在天津）特主动与他的儿女亲家靳云鹏（时在天津）商量，希望透过靳的关系，将其意见向吴佩孚表达。吴与冯本素有夙怨，故合作解决冯玉祥，正中吴佩孚之下怀，靳与吴商谈结果，一拍即合，双方都认为冯玉祥为北方政局不稳定之源，正本清源，就必须合力先解决冯玉祥。计划既定，吴佩孚即将南方部队开至北平，与东北军夹击冯部，冯玉祥溃败，由南口、张家口往西北狼狈撤退。此时，山西之阎锡山亦唯恐冯玉祥乘机抢夺其地盘（事实上，冯处心积虑，久欲谋山西之地盘，唯不得其路而已），既见张、吴合作，亦乐于插上一脚，故冯败退时，阎即乘机截击，招降冯之部将韩复榘及石友三，编为陆军第十三师及第十四师，冯见大势已去，遂下野逃至俄国。

冯玉祥的问题解决后，张老将即鼓励吴佩孚回武汉，对付国民革命军，他自己则担任巩固潼关以西防线之责，盖恐冯玉祥东山再起，死灰复燃也。此外，为防止冯玉祥卷土重来，张、吴同意合力支持陕西之刘镇华。迨吴至南方后，处处不能得心应手，接着，孙传芳也发生了问题，故十五年十一月间，孙传芳即派王占元、杨文恺（士官毕业，时任五省联军之总参议）至天津，居间联络，与张老将商量合作办法，王、杨与张老将接洽有了眉目之后，孙传芳即亲来天津与张老将见面，商洽进一步合作具体办法。张老将与孙传芳等数度商谈之结果，获得一项结论，即为军事着想，首先应将部队统一指挥，故十五年十二月，即由孙传芳、阎锡山、刘镇华、张宗昌等领衔，拥戴张老将就安国军总司令，以便统一指挥。十二月一日，张老将通电就职，并发表孙、阎、张等人为副司令，十二月四日、三日，孙传芳、张宗昌亦分别通电于南京及济南就职，阎锡山亦于十二月二十日在太原就职。至此，张、阎合作之局面已成。于此有一项事实须加以澄清者，阅近人所写回忆录，往往习而不察，误认安国军总司令与大元帅为同一职务，其实是截然不同的两回事，十五年十二月一日张作霖就安国军总司令与十六年六月六日通电就海陆军大元帅，成立军政府是前后不同的两个阶段，二者并无关联，在时间上相差半年，在事实上亦非衔接，此治民国史者不可不知也。

（二四）铁汉先生曾参加长城抗日战役，可否就记忆所及，对于是役之指挥系统及战斗序列加以叙述？

长城战役，我任陆军第六十七军之参谋长。一般人对于该役之战斗序列及指挥系统都不太清楚，以致有很多错误之记载。

长城战役前，中央曾成立一个组织，名为“华北集团军”，由张汉卿担任总司令，其下分设第一及第二方面军，包括的范围很大，中央、东北、山西、西北等四方面的军队均纳入此一组织之中，因事前未便发表，故知者不多，兹将其战斗序列及指挥系统列后：

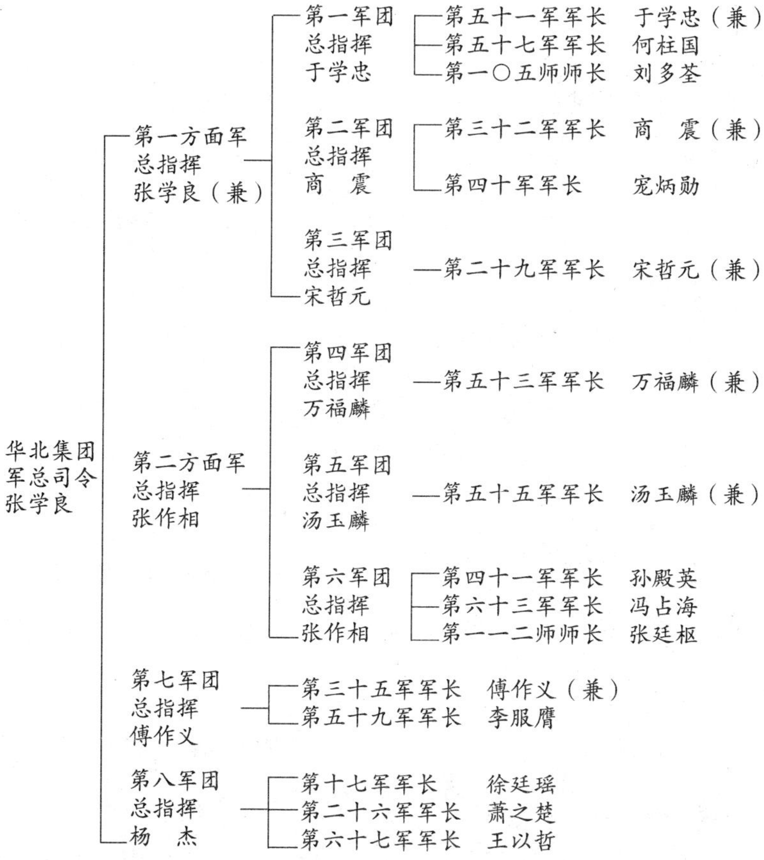

（二五）可否请铁汉先生叙述王以哲在西安遇难的经过情形？

王以哲是我的长官，他当旅长时，我当他的团长；他当军长，我又当他的参谋长，相处的时间颇长，关系也很深。王这个人本性善良，优点是求好、好名、要强；缺点则是犹疑不决，这可说是他的致命伤。

王以哲是吉林人，保定军校第八期毕业，学步兵，与陈诚（学炮兵）为同期同学。保定军校毕业后，分发东北部队服务，因其为吉林人，而吉林人在东北军中为少，故张汉卿对他很注意，很赏识，历次予以提拔，由连长而营、团长，其升迁颇速。王当团长（属第二十七旅第三十九团，旅长王瑞华）时，即由团长调三、四方面军卫队任上校队长，半年之后，即调升为第二十七旅旅长。

其后第二十七旅改为第二十四师，他仍为该师师长。十七年春，调升为第十九师师长，共辖两旅，每旅三团，编制很大。迨至十七年东北军重行整编时，王以哲即任东北陆军第一旅旅长，驻防北大营，于此可见，王始终是张汉卿之亲信干部。当张杀杨、常时，王以哲、高纪毅、刘多荃均在场，且参与其事。二十一年七月调任北平军分会第一处处长，二十二年一月升任陆军第六十七军军长，二十三年第六十七军调河南。二十四年，张汉卿到西北，第六十七军亦调至西北，先驻延安，后驻甘肃平凉。在此期间，前亦略有述及，王在延安时期，与秦邦宪即有联系，其时共产党那方面的情报，即由秦转王，再由王转张汉卿，路线很直接。故王驻延安约一年的时间，在思想上不知不觉趋向左倾矣。西安事变后，当张汉卿护送委员长上飞机时，匆忙中将东北军之指挥权交于学忠（当张上飞机，大家问张走后听谁的命令，张一面上飞机，一面回头讲，你们听于学忠的命令），但实际上，因王以哲与张汉卿有深厚的关系，在军中亦有潜力，如当时第五十七军军长缪澄流，第一〇五师师长刘多荃等均与王接近，均肯听他的指挥，无形中是一个很大的势力。左倾主要分子高福源，又是他的亲信。王有此观念，故在西安城内，有恃无恐。在张汉卿离开西安之后，东北将领中之积极分子如高福源（第一〇五师第一旅旅长）、孙铭九（西北“剿匪”总部特务团团长）、苗剑秋及应德田（上述两人均为西北“剿匪”总部秘书）等，因得悉张不能回西安，故主张采取激烈行动，以对抗中央，同时散布谣言，谓王以哲接受中央之款项，并与保定同期同学陈（诚）某人有所联系（陈与王确有联系，但陈不但与王有联络，并且同保定八、九期之东北同学亦有联系），因此，认为王有倾向中央之嫌疑，是东北军之问题人物，必得先把王打倒。此时，王正在家中养病，本有一机关枪连为之守卫，而高福源和孙铭九则另派特务团于连长文俊（原是教导队学兵，可算是王以哲的学生）另率领一连人伺机解决王以哲。一日，当守卫王住屋之机关枪连吃饭的时候，于连长乘间率领一连人进入屋内，此时王有病在床上躺着，房内尚有军法处长崔蕴兰（在台湾）及王太太两人在场，于连长持枪直入内室，王见人持枪，喝问：“你干什么？！”于说：“我奉有命令。”王谓：“虽有命令，你还能打死我吗？”于答：“老师呀，对不起，今天就要打死老师。”此时，王看情势不能挽救，即将被子往头上一拉，于连长连发三枪，解决了王以哲，时为民国二十六年二月二日也。

高福源、孙铭九等派于文俊杀了王以哲之后，继续派人欲杀何柱国（时任骑兵第一军军长），何很聪明，他看情形不对，已有警觉，为了逃命，不得已跑到杨虎城处躲避，在杨维护之下，把何之命救了。

王以哲死后，第六十七军另派吴克仁接替，即由刘多荃联络吴克仁、缪澄流等密谋对付之策，结果将高福源及于文俊逮捕，予以枪决。

（二六）孙铭九、应德田、苗剑秋等人后来之下场如何?

孙铭九的下场，那妙极了。西安问题解决后，孙铭九等离开西安，接着抗战开始，他们躲躲藏藏，迨至汪精卫组织伪政府，杨毓珣（号琪山、袁世凯的女婿。杨宇霆督苏时，他是宪兵司令，张学良当三省“剿匪”总司令时，杨是总参议）当伪山东省长时，孙铭九当杨的警务处长。迨至大陆撤退，孙亦逃出大陆，据说后来是在缅甸某一个山中堕死的。应德田于抗战胜利后曾到过北平，其后局势转变，即下落不明。苗剑秋则至日本，现居台北。

（二七）铁汉先生提到陆大毕业后，调充第十五集团军高级参谋，当时的总司令是谁？

第十五集团军总司令为陈诚。高级参谋，就是作参谋业务，特将当时第三战区指挥系统及战斗序列，作一正确说明。

二十六年八月十三日，日本侵华战争，在上海爆发，政府划上海及江苏、浙江为第三战区，其指挥系统及战斗序列如次：

第三战区司令长官蒋委员长兼任，冯玉祥代司令长官，顾祝同为副司令长官，陈诚为前敌总司令。指挥第八、第九、第十、第十五、第十九集团军。

二十六年九月中，冯玉祥调任第六战区司令长官，第三战区指挥系统及战斗序列，调整如下：

司令长官委员长兼
副司令长官顾祝同代
- 右翼军总司令　张发奎
  - 第八集团军总司令　张发奎
  - 第十集团军总司令　刘建绪
- 左翼军总司令　陈　诚
  - 第九集团军总司令　张治中
  - 第十五集团军总司令　陈　诚
  - 第十九集团军总司令　薛　岳

旋由朱绍良继张治中为第九集团军总司令，以人事关系，除左右两翼军，又增设中央军，朱绍良为总司令，指挥第九集团军。

（二八）铁汉先生与陈辞公之关系，是否始于第十五集团军高级参谋？

民国二十四年，中央在汉口成立陆军整理处，陈诚为处长。首先为整编原东北军之骑、炮兵。次则预备整编三个教导师，并内定罗卓英为陆军教导第一师师长，刘兴为陆军教导第二师师长，王以哲为陆军教导第三师师长，以为建军的基础。

整编东北军骑、炮兵陈辞公必须与张学良总司令商谈，而张另有考虑，为缓冲计，遂派第六十七军军长王以哲代表和陈处长商谈，可是陈处长在南京时期，王以职务关系，不能远离。此时我在南京陆军大学读书，王又委托我代他同陈辞公商谈东北军骑、炮兵整编问题，我将商谈经过，报告王，王再报告张学良总司令。几月来，陈辞公有了认识，我之所以到第十五集团总部任高参，亦缘由于此。

整编东北军骑、炮兵进行非常顺利，首先将原属东北军之郭希鹏骑兵第一师，王奇峰之骑兵第四师，白凤翔之骑兵第六师，中央又列入门炳岳、张厉生两骑兵师，共五个骑兵师。而整编为陆军骑兵第一师门炳岳为师长，陆军骑兵第四师王奇峰为师长，陆军骑兵第六师白凤翔为师长，合编为陆军骑兵第一军。调陆军第五十七军军长何柱国为陆军骑兵第一军军长。

次则将原属东北军之王和华炮兵第六旅，乔方之炮兵第七旅，黄永安之炮兵第八旅，中央又拨入两个炮兵团，共十个团。整编为陆军炮兵第六旅黄永安为旅长，陆军炮兵第七旅（每旅二团）乔方为旅长，另编一独立炮兵团刘佩伟为团长。

张学良总司令，关于东北军骑、炮兵之整编甚感满意，对陈辞公之负责、坦诚、公正，极为赞佩。张又向陆军整理处推荐原东北军将领杨正治、郭尔珍、冯庸、张敬堂、夏鹤一、刘晓云等十员，陈辞公均接受，并予以安置。从此张、陈有了认识了解，而建立颇为良好的关系。

迨西安事变，陈辞公也被关禁在西京招待所，事变结束，辞公回南京后，于二十六年一月十四日上午，叫我去谈话，辞公略说其在西京招待所被围困经过，即谓：“西安事变，我被关禁在西京招待所，张汉卿有几次于夜间派人把我接到他公馆，几次谈话要点，不外一、首须确保委员长安全，次须尽快送委员长回南京。二、委员长不回京，一切问题，无从解决，在此间即或有所承诺，到南京也行不通，所以不要提条件。张汉卿亦以为然，并说我们要共同努力。张要留我住在他公馆，我说，那不好，我必须回去和那些同志共患难。”陈、张间之关系，外界有不少的传说，而西安事变得以和平解决，陈辞公是有其贡献的。这一段史话，我想知道的人，不会多。

（二九）铁汉先生指挥之四十九军，是否全为东北部队？

我任陆军第四十九军军长达七年之久，所辖三个师中，第二十六师是由第二十军（川军）演变而来，第七十九师为浙军改编而成，第一〇五师，原为东北军。几经整编调整，地域观念，封建意识，已不存在，而且本军干部军校毕业学生最多（正因如此，卅六年四月委员长曾面示我："你要秘作准备，情况如无变化，将把四十九军，改编为警卫军。"），遂成为第三战区主力部队，抗战"剿共"着有战绩，而为顾司令长官所倚重。

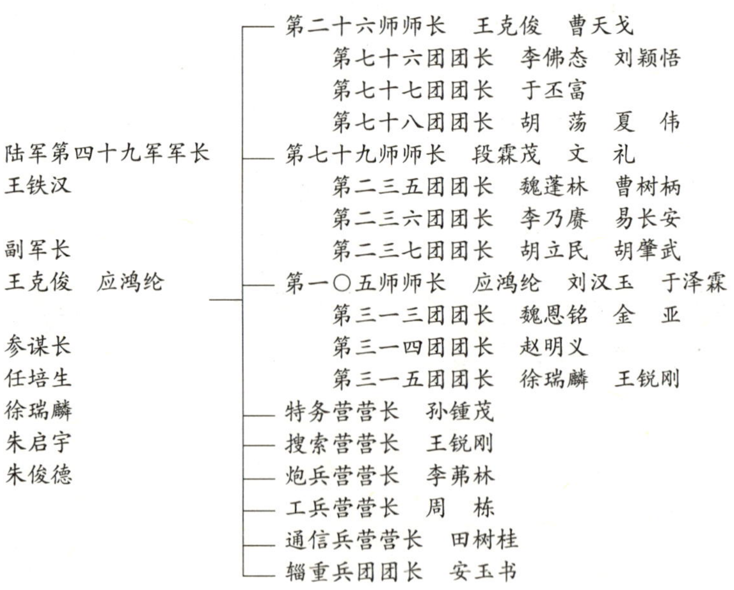

（三〇）铁汉先生指挥之第一〇五师为最负盛名之师，可否请您把第一〇五师之沿革，加以介绍？

陆军第一〇五师于廿一年成立，师长由张学良兼任，编制颇大，计有步兵三个旅每旅三团，骑兵一团，炮兵一营，高射炮兵一团，通信一营。廿六年十一月我接任第一〇五师师长时，其编制及指挥系统如次：

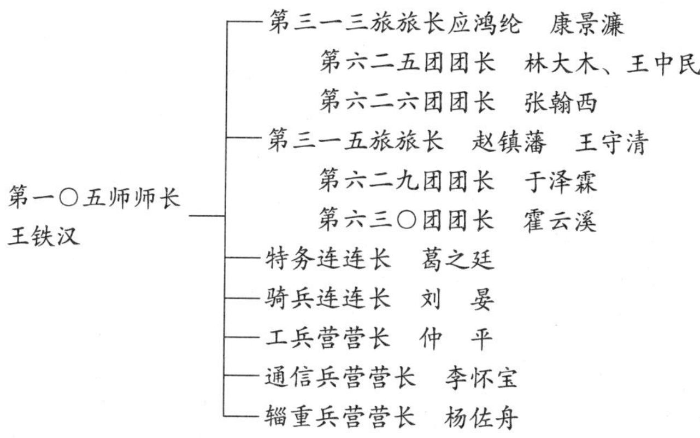

二十八年九月，调整编制，将旅部撤消，共编成如次：

第一〇五师师长王铁汉

第三一三团团长魏恩铭、金　亚

第三一四团团长安玉书、赵明义

第三一五团团长于泽霖、徐瑞麟、王锐刚

野战补充团团长霍云溪

特务连连长隋林春

骑兵连连长刘晏

迫击炮营营长张成德

平射炮兵营营长张叔之

工兵营营长李树铭

通信兵营长吴荫庵

辎重兵营长杨佐舟

高射机关枪连连长黄贵达

附录："九一八"事变经过及起因后果

"九一八"事变为二十世纪之大事，不独关系中国之胜败得失，而且关系亚洲各国之治乱兴衰，也可以说第二次世界大战的浩劫，以及今天人类尚在核战边缘度其危疑喘息的生活，都是种因于"九一八"事变。

铁汉谨就亲身经历的"九一八"事变及其起因后果，作一简略报告，以为记取教训，提高警觉的参考。

"九一八"事变前东北军政情势

东北边防司令长官张学良先生，驻在北平主持陆海空军副司令北平行营事务，并养病于协和医院。东北边防司令长官职务，由司令长官公署军事厅长荣臻上将代理（司令长官公署编制为两个厅，即军事厅、秘书厅，厅长等于参谋长、秘书长）。辽宁省主席臧式毅先生驻沈阳，吉、黑两省军政首长张作相、万福麟先生，均不在任所。当时东北军政实际上是由荣厅长和臧主席主持，也就是日本对中国举行谈判的对象。

沈阳驻军及营区情况

沈阳驻军为陆军独立第七旅。第七旅辖有六一九、六二〇、六二一等三个团，另有旅直属的骑、炮兵、通信等部队，旅的编制为官兵一万二千八百余人。旅长是王以哲中将，六一九团长张士贤，六二〇团长王铁汉，六二一团长何立中。全旅除六二〇团第一营驻皇姑屯，其余都驻在北大营。北大营在沈阳城北两公里，营区范围，东西三公里，南北二公里，营房是坐北向南并列着，由东到西驻的是，六一九团、六二〇团，旅部暨直属部队，六二一团，其营房西墙外二三百公尺不等的地方，就是南满铁路。这是沈阳驻军情形和北大营营区状况，也正是日军攻击的目标。

日军进攻北大营经过

廿年九月十八日晚上十时一刻钟，就听到南满铁路有爆炸声音。我在团部，判断又是日军演习的地雷爆炸。这是近两月来，司空见惯的事。本已不再惹人注意，但是几分钟后，西营房有手榴弹及步枪声，接着又有炮声，这时候，才觉得事态并不寻常，当即一面派人连络，一面叫旅部电话，始知旅长在城内，又叫六二一团电话，已无人接听，再问六一九团，张团长也不在营。至十一时过，得知六一九、六二一两团，已离开营房，向沈阳城东撤退。本团在未奉到命令之前，不能自由行动，唯有就营房已有之工事，作战斗准备。十二时。接奉旅长自城内来电话指示："不抵抗，等候交涉。"此后即失去连络。我想"等候"不等于"挨打"。敌人向本团进攻时，我决心还击，这是正当的"自卫"手段，虽和"不抵抗"有冲突，也只有"一面等候一面抵抗"了。

到了十九日早晨一时四十分，日军二百余，逐次向本团接近。炮兵也开始射击本团营房。此刻司令长官公署荣厅长电话询问情况，并严令"不准抵抗"。我答称："敌人侵犯我们国土，攻击我们兵营，斯可忍，则国格人格，全无法维持，而且官兵愤慨，都愿与北大营共存亡，敌人正在炮攻中，我们官兵不能抱着枪等死。"荣厅长即指示："将枪弹缴库。"我答称："在敌人攻击之下，实在无法遵命，我也不能这样执行命令。"荣厅长又问："你为什么不撤出？"我答称："只奉到不抵抗，等候交涉的指示，并无撤出的命令。"荣厅长又指示："你立刻撤出营房，否则你要负一切责任。"我再有所陈述，电话已中断。正准备撤退时，敌人四百多，已向本团第二营开始攻击，我即下令还击，敌人死伤四十余名，就在敌人攻击顿挫之际，忍痛撤出北大营，正是十九日（星期六）上午五时。本团第二营第五连连长陈显瑞上尉负伤，士兵伤亡十九人。次日，日本关东军司令本庄繁公布"日军在北大营官兵死伤一百廿余名"，乃是为了扩大"中国军队滋事"的反宣传，并不确实。

在李顿调查团作证

不过，日本向李顿调查团的报告，也说日军在北大营死伤官兵一百廿余名。就此，我将在李顿调查团作证经过，简单地说明一下。国联李顿调查团从沈阳回北平以后，于廿一年六月十日上午十时，要我们去作证，届时，李顿团长拿着北大营写景图，对我询问几点：

一、“你看这张图，是否正确？”我答：“正确。”二、“你的部队，是否驻在这所营房（以手指图）？”我答：“是的。”三、“日军在这所营房的南面、西面，被你的部队击死击伤官兵一百廿余名，你是否知道？”我答：“知道，但是按我的正确估计，日军死伤不会超过五十名。”四、“依你的观察日军伤亡以少报多，其用意何在？”我答：“我认为这是日军自己炸毁这一段铁路（以手指图），借口‘中国军队破坏铁路’，突向北大营攻击，同一用意。”五、“你们攻击日军的理由是什么？”我答：“我们并没有进到日军所在地的兵营向之攻击，而是日军侵犯吾国土，进攻吾兵营，我军被迫还击，是自卫的必要手段。”李顿团长颔首未语，并转问其他团员有无问题，仅意大利籍团员马克迪伯爵说：“他的行动是正当的。”作证即在十二时结束。

国联根据李顿调查团报告，于廿二年（一九三三）二月，宣布日本为侵略国。而英、美两国不采取联合行动，国联中几个强国，也没有对日本制裁的决心。日本看穿了国联的权势是纸老虎，于是蛮横狂妄地退出国际联盟，更肆无忌惮地续行侵略。

第二次世界大战，日本诚然是祸首罪魁，又何尝不是由于列强姑息容纵所造成的呢？

不抵抗之由来

讲到此处，我愿把“不抵抗”之由来，作一说明。“九一八”之夜，我两次接奉电话命令：“不抵抗……”，“不准抵抗……”。这就是事后备受舆论攻击的“不抵抗主义”了。当时王旅长、荣厅长何以下令不抵抗？而后知道，“不抵抗”是出自“不与反抗”的“鱼”电，那是廿年九月六日，张司令长官从北平发给沈阳荣厅长的电报。原电要旨：“现在日方外交渐趋吃紧，应付一切，亟宜力求稳慎，对于日人无论其如何寻事，我方务须万分容忍，不可与之反抗，致酿事端……”这就是“不抵抗”之由来，也是“不抵抗”的依据。可是，不与反抗，系以“寻事”为条件。当不会以“占领”为条件，如果电信不被日军切断，张司令长官所得为日军“全面攻占”的情况，究竟是否仍令遵照“鱼”电“不与反抗”，应有问题。

迄今，我总认为“不抵抗”并不是“主义”，更不是中央的“主意”。而是由于电信不灵，情况不明所促成的。再则为当时在沈阳军政负责人员，昧于情势，事前未能提高警觉，来防备敌人的侵袭，临事又未能肆应情况，作权宜积极的措施。既系敌人“攻占”，而非“寻事”的情况，就不应作消极的“不与反抗”之处置；仓皇中，以“不抵抗”来应付问题，实为一大错误。这是一个接受“不抵抗”命令,而又抵抗的人,对“不抵抗”之感受及“不抵抗”的由来，作的见证。

不交涉之失策

由于不抵抗之错误，联想到不交涉之失策。中国应付“九一八”事变之失策，不交涉较不抵抗为尤重。实以当时中国在不能应战与不能屈服之间，原尚有一中、日直接交涉之途径。但是仅由宋子文稍作尝试，即行停止，宋与日本总领事重光葵九月十九日在上海密谈，宋提出中、日政府各派出高级委员三人，组织共同委员会赴沈阳，制止事变扩大，并觅取满蒙问题解决办法。重光当日两电币原外相建议接受，币原于九月二十日回电同意。而中国民气沸腾，政府虑及低调外交，将会引起全国舆论之反对，遂不果行。

蒋公在“九一八”三年后，对此有明白的说明：“九一八”事变既起，当局迟回却顾，坚持不撤兵则不交涉之原则，致使日本缓和派不能抬头，军人气势日张，问题逾陷僵化。就是沈阳陷落，尚未侵入关内的时候，也还有使日本止于锦州，徐图转换局势的可能。可惜步步错过，以造成此后不可收拾的局面。

几十年来，国人检讨这一段史实，多以不抵抗又不交涉归咎政府，平心而论，不交涉诚有可议，不抵抗则尚有可原。中、日国力兵力悬殊，政府不肯逞一时之快意，轻掷国家民族之生命，正是忍辱负重之表现，而有不战的苦衷。至于不交涉之失策，则实由于国家不统一所逼成，亦时势使然也。

事变前之谈判

"九一八"变起，中国既不抵抗，又不交涉，而事变前有无谈判？如何谈判？也愿就所知，加以介绍。日本既决定"武装占领东三省"即从廿年五月起，制造万宝山、朝鲜排华、中村等事件来激动日本军民用"强硬手段，解决满洲中日现存之困难"。但是表面上仍透过外交形式，由日本驻沈阳总领事林久治郎、满铁理事木村锐市，与我方荣臻厅长、臧式毅主席举行谈判。几月来，一方在必有所得，一方则虚与委蛇，当然不会获得协议。林总领事和木村理事，在谈判中看出我方在推拖敷衍，曾一再向荣、臧提出："日本军方不能忍耐了，在满蒙待决的五十三案中，可以先解决二、三案，以表示双方的诚意，来缓和日本军民情绪，如再拖延不决，必有严重的后果。"而我们认为这是日本在外交上惯用的虚声恫吓，绝没有想到会公然进行军事侵犯，同时，总以为这许多年来，一切问题，都敷衍过去，这次也能敷衍过去，因此，既无应变的计划，更无应变的准备。到了“九一八”日军进攻北大营时,荣、臧在惊疑中，找林久治郎交涉“立刻制止日军行动”，林先说“不知情”，再说“军方行动,无权过问”,三则避不见面。至此荣、臧束手无策，军政即入无主状态。沈阳遂于十九日上午被日军占领，这一次国耻，也是这样造成的。

林久治郎、木村锐市，均为日本杰出之外交官，林本有干涉东北易帜，不如伸张铁路权益，转为实惠之主张。田中内阁自易帜干涉失败，亦以此项交涉，为对华政策之中心。所以林久治郎在谈判中，特别卖力，再三提出在五十三件待决案中，先解决二、三案，其实就是希望“满蒙新五路建筑权要求”之一案，达成协议。这一案解决，则东北有一段小康局面。新五路者,一、敦化至图们江之敦图路。二、长春至大赉之长大路。三、永吉至五常之吉五路。四、廷吉至海林之延海路。五、洮南至索伦之洮索路。各路皆富有军事、经济价值，尤以敦图路为吉会路（吉林至会宁）最后之一段（约二百七十公里),如果完成，则自长春经吉会路转朝鲜之清津港到日本大阪，而较由长春经南满路转大连至大阪，节省三十五小时，且全部运程，悉走内线，颇为安全。乃为日本多年宿愿而急切需求者。是以张作霖先生若同意日本包办满蒙新五路之要求，将不会有皇姑屯惨案，张学良先生如接受这一要求，亦将无此“九一八”事变。

"九一八"事变的起因后果

至于"九一八"事变的起因后果，则为：

日本要侵占中国的满蒙，原是他的国策（称东三省为满洲，即含有东北非中国领土的意思）。"九一八"事变，虽然发自日本关东军之阴谋，而关东军之阴谋，则不全是"九一八"事变的起因。"九一八"的火种，明燃暗煽，已有三十年，关东军之所为，仅系点火的一段工作而已。

"九一八"的起因，有真有伪，有远有近，有重要有次要，不下百种，但归纳起来，其真正而重要的起因，不外三种：一、英、美西太平洋不设防之鼓励；二、日本满蒙分离运动之失败；三、第三国际共产党之煽动。特分别作一概要说明。

英美西太平洋不设防

一、英、美西太平洋不设防之鼓励。并吞满蒙，乃是日本多年的夙愿，而诱使日本放胆并吞满蒙，则英美"西太平洋不设防"之对日本约束，实为导火线。西太平洋不设防之对日本约束，原系一九二二年一月，华盛顿海军军缩会议条约上，英、美、日三国海军主力舰五、五、三比率协定之交换品，因是西太平洋之海权遂属于日本，从此远东门户，随时可遭日本之关闭。中国领土主权完整，随时可受日本之威胁，而我国东北之危机，尤见严重，九国公约上对中国之各种保证，亦顿成空文。一旦远东有事美国自保关岛、菲律宾，英国自保香港、新加坡都有问题，更无暇顾及中国之安危。日本对英、美既少顾虑，对可怕之苏俄，正作第一五年计划，无意外骛，更要趁其五年计划未完成之前，先取满蒙，以巩固日本的国防。国际背景如此，遂种下日本远东自由行动之错觉，所以敢大胆而急切地向中国进行侵略，掀起了“九一八”事变，也可以说是由于国际间之姑息纵容而造成的。

满蒙分离运动失败

二、日本满蒙分离运动的失败。日本为实行大陆政策，必须先作“满洲”、蒙古脱离中国之运动。因此，自一九一一至一九三一年，廿年间对满蒙分离运动处心积虑，无所不用其极。其事迹显著者有三次。一次，为一九一二年二月，日本策动前清肃亲王善耆（川岛芳子父亲）及蒙古巴林亲王，同建满蒙王国。二次，为一九一五至一九一六年间，日本唆使宗社党与蒙古骑兵首领巴布扎布，作满蒙独立计划。这两次都有日本之参谋本部，外务省，陆军省的重要人员主持指导，且有财阀大仓喜八郎参与其事，并在公主岭、郑家屯等地，有所行动，嗣以其他原因，为日本西园寺首相及原敬首相先后强令阻止，而未得逞。三次，为一九二七与一九二八年，日本田中内阁三次出兵山东，其军事行动，虽在山东，其军事目的，则在东北，而背后复杂有：(1) 日本大连东方会议（田中奏折，日本并不承认实际上就是东方会议议决案之理由书）；(2) 满蒙新五路建筑权之要求；(3) 满蒙缓冲国之设置等阴谋。日本为侵占满蒙，明攻暗袭，威胁利诱，挑拨离间，矛盾倾轧，不一而足。张作霖先生即被炸死在矛盾倾轧之间，然而日本二十年之满蒙分离运动，终为张作霖大元帅所粉碎。张死后，日本田中内阁，并不放弃分离满蒙的国策，仍尽全力阻挠东北易帜归附中央。但是当时主政东北的张学良总司令，虽然是一未满廿八岁之青年，且在日本关东大军迫于肘腋，身家性命危如累卵之中，而能坚决维护国家主权，不受威胁，不受利诱，毅然决然，举东北辽、吉、黑、热四省，以服从国民政府，完成中国之统一，亦终非日本所能强阻。中国的统一，是日本满蒙政策的“死对头”，到此日本对满蒙巧取既不可能，便感有豪夺之必要，“九一八”事变，遂骤然而起。

国际共党在后煽动

三、第三国际共产党之煽动。“九一八”事变，直接策动者，固然是日本关东军，而暗中煽动中日战争之幕后人，则为第三国际共产党（中共在一九二二年五月加入第三国际，成为第三国际支部，受苏俄每月一万二千元美金津贴，遂为苏俄所操纵）。第三国际之工作，转到东方，即作中、日两民族间之意识对立工作，由此，中、日两民族之斗争、仇恨，遂日益加深，日趋炽烈。诸如，日本所扶植之大连“满洲青年联盟”，于一九二八年六月，一九二九年十一月，曾提倡“建设满洲自治国”和“满蒙死守论”。中国共产党满洲地方委员会，于一九二八年十一月，也有东三省独立自主宣言及间岛龙井村之暴动，旅顺大连收回之叫嚣。从这些行动，都可以看出，有第三国际导引煽动之迹象。

再为一九二六年三月，广州中山舰事件发生，第三国际代表季山嘉被驱逐，八月加拉罕亦被遣回。中、俄关系转入低潮。斯大林知道中国国民党将不能为第三国际所利用，乃改变策略，使煽动中国革命之工作；加入“中、日矛盾”，“日苏和谐”两个因素，并作出对日本伪装友好表示，如渔业协定之签订，贸易之增加，互不侵犯条约之催订等等。斯大林更时常以“中国革命力量可畏”，提醒日本，期冀其军事压力转移中国，以纾苏俄东顾之忧。斯大林的逻辑是，中、日矛盾逾加深，中共繁殖愈迅速，苏俄同时削弱中、日两国的战略愈易奏效。因有共产党之煽动操纵，而唤起日本解决满蒙之迫切，促成了“九一八”事变。实际说来“九一八”事变，是日本军阀中了斯大林借刀杀人之计。

“九一八”事变，有共产党煽动操纵之嫌疑，在一九四五年二月，日本近卫首相面奏昭和天皇说："臣今深疑自'九一八'事变以迄今日战事，皆共产党蓄意之计划。"以素称精干之日本近卫首相，亦迟至十四年以后始能发觉。而愚昧的日本军阀，坠入斯大林借刀杀人的阴谋，恐至死也还未明白。

"九一八"事变逼迫中国全面抗日

综合这些情况，而得到的认识与了解是，国际背景之姑息纵容，日本军阀之蛮横疯狂，国际共党之煽动导引，益以我们国家之不团结，无力量，"九一八"事变，实为当时不易避免的悲剧。这一悲剧，留下来深巨灾难，那就是日本逼使中国全面抗战，也掀起了第二次世界大战。

"九一八"事变，这一后果带给我们中国灾难的重大，影响的深远，真是无法估计，不堪设想，没有"九一八"事变，就不会有中共占据大陆，没有"九一八"事变，就不会有我们局处台湾。史学家沈云龙先生一九七八年九月在《传记文学》杂志发表的《九一八事变的回顾》论文中，曾沉痛地呼吁："愿我国人，世世代代，子子孙孙，毋忘九一八、毋忘九一八。"铁汉愿借用沈先生呼吁的几句话："愿我国人，世世代代，子子孙孙，毋忘九一八，毋忘九一八"作为结语。

（载《中国时报》，一九八一年九月十八日）

后 记

本纪录系由沈云龙先生主访，林泉先生纪录及整理，蒙王铁汉先生同意出版，并惠予校正增删，至深感激。本所周道瞻先生、官曼莉小姐、谢淑芬小姐协助校对，官曼莉小姐并编“索引”，谨致谢忱。

本所研究员兼口述历史组执行秘书

陈存恭志于一九八五年五月